波峰与波谷 (第二版)

秦汉魏晋南北朝的政治文明

阎步克 编著

北京大学出版社
PEKING UNIVERSITY PRESS

图书在版编目(CIP)数据

波峰与波谷：秦汉魏晋南北朝的政治文明/阎步克编著．—2．—北京：北京大学出版社，2017.4
（博雅撷英）
ISBN 978-7-301-28148-2

Ⅰ.①波… Ⅱ.①阎… Ⅲ.①政治制度史－中国－秦汉时代 ②政治制度史－中国－魏晋南北朝时代 Ⅳ.① D691

中国版本图书馆 CIP 数据核字 (2017) 第 043461 号

书　　名	波峰与波谷：秦汉魏晋南北朝的政治文明（第二版） BOFENG YU BOGU：QINHAN WEIJIN NANBEICHAO DE ZHENGZHI WENMING（DI-ER BAN）
著作责任者	阎步克　编著
责任编辑	张　晗
标准书号	ISBN 978-7-301-28148-2
出版发行	北京大学出版社
地　　址	北京市海淀区成府路 205 号　100871
网　　址	http://www.pup.cn　　新浪微博：@北京大学出版社
电子邮箱	编辑部wsz@pup.cn　　总编室zpup@pup.cn
电　　话	邮购部 62752015　发行部 62750672　编辑部 62767315
印 刷 者	北京中科印刷有限公司
经 销 者	新华书店
	880 毫米 × 1230 毫米　A5　7.625 印张　160 千字 2009 年 1 月第 1 版 2017 年 4 月第 2 版　2025 年 2 月第 15 次印刷
定　　价	48.00 元

未经许可，不得以任何方式复制或抄袭本书之部分或全部内容。
版权所有，侵权必究
举报电话：010-62752024　电子邮箱：fd@pup.cn
图书如有印装质量问题，请与出版部联系，电话：010-62756370

目 录

第二版前言 …………………………………………… 1

序　言 ………………………………………………… 1
 一　官僚帝国体制的观察视角 ……………………… 1
 二　波峰与波谷 ……………………………………… 5
 三　常态、变态与回归 ……………………………… 8

第一章　从王国到帝国 ……………………………… 1
 一　从王国到帝国 …………………………………… 1
 二　"海内为郡县，法令由一统" …………………… 8
 三　皇帝—官僚统治阶级 …………………………… 13

第二章　官僚行政体制的完善 ……………………… 19
 一　决策权力与执政资格 …………………………… 20
 二　行政组织的进化 ………………………………… 25
 三　军政与边防 ……………………………………… 29

第三章　文法与文书 ………………………………… 32
 一　刀笔吏治天下 …………………………………… 33

二　律令秩序 …… 36
三　"以文书御天下" …… 42

第四章　爵禄与吏禄 …… 47
一　"庶人之有爵禄" …… 49
二　禄秩的渊源和性格 …… 55
三　从禄秩到官品 …… 62

第五章　儒·法与儒·吏 …… 67
一　从法术、道术到儒术 …… 68
二　"奉天法古"与王莽改制 …… 73
三　儒法合流与儒吏融合 …… 78

第六章　官吏的选任 …… 83
一　吏道与功能 …… 84
二　任子与内侍 …… 86
三　察举与四科 …… 88
四　阳嘉新制和以文取人 …… 92

第七章　官僚阶级的士族化 …… 95
一　乡里与豪右 …… 96
二　官场与官族 …… 100
三　东汉的士林 …… 103

四　学门与士族 …………………………………………… 106

第八章　动荡时代的皇权与门阀 …………………………… 111
　　一　黯然失色的皇权 ………………………………………… 111
　　二　东晋:门阀政治 ………………………………………… 116
　　三　南朝:"主威独运"及其限度 …………………………… 122

第九章　士族特权及其政治理念 …………………………… 127
　　一　门阀的选官特权与品位特权 …………………………… 128
　　二　官僚政治的扭曲变态 …………………………………… 135
　　三　玄学清谈的政治理念 …………………………………… 141

第十章　集权官僚政治的维系和进展 ……………………… 148
　　一　空话不空:官僚政治话语 ……………………………… 149
　　二　冰层下的潜流:官制和法制的进化 …………………… 153
　　三　选官中央化和考试制度的进展 ………………………… 157

第十一章　胡汉杂糅与胡化汉化 …………………………… 164
　　一　胡汉杂糅与胡汉分治 …………………………………… 165
　　二　异族皇权・国人武装・军功贵族 ……………………… 171
　　三　胡化、汉化的摇摆波动 ………………………………… 178

第十二章　从北朝到隋唐:帝国复兴与历史出口 …………… 186
　一　青出于蓝:官僚行政的全面复兴 ……………………… 187
　二　等级安排与身份管理的进化 …………………………… 194
　三　北朝政治文化风尚:重军功、重吏治、重法制 ………… 203
　四　北朝:走出低谷的历史出口 …………………………… 209

第二版前言

北京大学出版社计划再版此书,经编辑审读,又纠正了若干疏误之处,谨此致谢。除订讹之外,因出版在即、时间有限,本次出版对原书并无增删修改。这些年来,中青年学者在秦汉魏晋南北朝史领域开辟了很多新鲜论题,他们代表了研究前沿。而本书只是一种普及读物,对此期官僚政治制度提供一个轮廓而已,个人的认识至今无大变化,维持其原貌可也。

此书的思路并不复杂,也比较传统,主要围绕政治制度、政治势力、政治文化三者。其基本视角是"制度史观"的。所谓"制度史观",就是从政治体制、政治形态来观察、阐述社会历史变迁。这里所理解的"政治体制",包括政治制度和政治势力两方面。所谓政治制度,主要是政权的组织制度、人事制度和法律制度;所谓政治势力,指不同群体、集团、阶层、阶级的相互关系。前一个可以说是"制"的方面,后一点可以说是"人"的方面。"制"与"人"二者的结合,共同构成了"政治体制"。

对"体制"的这样一种理解,与政体类型学的经典观点是一致的。在孟德斯鸠观察政体时,采用了两个视点:第一,是否存在立法、司法与行政的权力分置。若这些权力集中于一人或一个机关之手,这个体制便趋于专制;第二,是否存在着足够强大的"中间阶层"。贵族、僧侣、市民等中间阶层若足够强大,其时君主就难以专制;反之,就会出现专制君主[①]。此后,偏重政治制度或偏重政治势力,还曾成为政治学者分析政体的两种不同学术取向。沿"政治势力"路线前进的,莫斯卡算是一个例子。他认为"政府形式"并不能充分反映政体差异,有些国家同属专制,其统治阶级却相当不同;而分属君主制与共和制的国家,又可以存在相似性。由此他进而提出,政体差异应取决于"统治阶级"[②]。莫斯卡的论述,还启发了我们这样一个联想:相同的政治组织结构下,可能有不同的政治势力结构;而不同的政治组织结构之下,也可能存在着相似的政治势力结构。进一步观察二者关系,应该能够发现更多未知的规律性的东西。

　　观察历代政治,人们一方面关注官制、法制的各种变化,同时也使用着贵族政治、官僚政治、宗王政治、宦官政治、外戚政治、门阀政治、军功政治、士大夫政治之类用语,这就是用某群体的特殊权势来指称一种特定政治形态了。各种社会关系,不管是政治、经济、文化、地域、宗族、宗教、文化、种族、职业等,都可能形成政治势力,从而被史学家纳入视野。当然,下意识地使用着某种方法,不等于理论上有清晰

[①] 孟德斯鸠:"如果司法权不同立法权和行政权分立,自由也就不复存在了。"又:"最自然的中间的、附属的权力,就是贵族的权力。贵族在一定方式上是君主政体的要素";"在没有贵族的君主国,君主将成为暴君","请把君主政体中的贵族、僧侣、显贵人物和都市的特权废除吧!你马上就会得到一个平民政治的国家,或是一个专制的国家"。《论法的精神》,北京:商务印书馆1961年版,第16、156页。

[②] 莫斯卡:《统治阶级:政治科学原理》,南京:译林出版社2002年版,第2、3章。以此为准,莫斯卡区分了三对六类政体:民主制与贵族制,自由制与独裁制,封建制与官僚制。此后根据占支配地位的政治势力来划分政体的,又如拉斯韦尔与卡普兰,他们以此分出了官僚制、贵族统治、伦理统治、民主统治、体力统治、财阀统治、技术统治与意识形态统治8种政体。《权力与社会:一项政治研究的框架》,上海:上海人民出版社2012年版,第192页。

认识。理论并不是僵硬的模式,恰当运用的理论是锐利的分析工具,可以使思考和论述更清晰、更系统,而不是散漫含糊甚至自相矛盾。

周代政治体制是封建制的、贵族制的,前者主要就"政治制度"而言,后者主要就"政治势力"而言。战国秦汉的巨大政治转型,从"制度"上说,就是皇帝专制、中央集权和官僚制度的创立;从"势力"上说可以看到军功阶层、文吏、士人三种新兴力量的崛起。秦之政治法律制度,系法家与文吏之功;儒生群体则是王莽改制的主要推手。从皇权中衍生出了宗王、外戚、宦官等势力,不但参与政治角逐,也以不同方式影响到了政治制度与政治形态。东汉二百年间的政治制度相当稳定,然其初年与后期的政治势力格局却变化甚大:东汉后期,清议名士以其巨大影响力影响社会生活、参与政治斗争,以及士族的崛起。这就提示我们"制"与"人"的关系是相当复杂的,其中隐藏着很多政治奥秘,而且这跟王朝盛衰的周期性相关。一个王朝从前期、中期到后期的"势力"结构变化,似有规律可寻。

魏晋以下,士人与士族的发展,造成了士庶对立。东晋还一度出现了门阀政治,皇权低落。士族门阀是一种贵族化了的官僚,而贵族与皇权此消彼长,贵族化消解、侵蚀皇权的力量。相应地,政治制度发生了若干变态,如,维护士族选官特权的九品中正制,恰好与这个时代共始终。当然,若仅从"人"即政治势力方面看,似乎处处都是士族的身影;若兼及"制"的方面,却能看到,秦汉制度在这一时期有萎靡、有扭曲,但总体上仍被维持,而且继续进步,如三省六部制的萌芽、从汉律到唐律的重大发展,以及察举制向科举制的演进,等等。在第十章第二节中,我称之为"冰层下的潜流",它维系着汉唐间的历史连续性。

业师田余庆先生指出,这一时期政治的主导方面仍是皇权政治,而不是贵族政治[1]。在本书中我们提示:在"分期论"极意凸显"士族"这个时代特征之时,注重"连续性"的观照,却要衡量"变态"幅度,寻找"回归"动力。若兼综"人"与"制"两方面而论,此期的"贵族化"幅度,肯定没有"六朝贵族论"所说的那么大。

十六国北朝的异族征服,造成了一种有异于江左的新的政治结构:异族皇权—军功贵族—国人武装。在第十二章第三节中,我有一个评论:南北朝的政治史,某种意义上就是南朝的文化士族与北朝的军功贵族的竞争史。这就是尝试用最具特征的政治势力,来提示南北政治结构之异,及其不同历史命运。业师田余庆先生曾指出,南朝皇权重振的动力来自次等士族;我想补充的是,江左次等士族重振皇权的动量,远不如北朝军功贵族大。在北朝的强大皇权之下,集权官僚制逐渐复兴。正如一位学者所说,同样的制度,在北朝就比在南朝运行得更好。帝国体制由此在北朝走出低谷。

以上的择要简述,意在阐明本书的主要方法论:从"政治制度"与"政治势力"的关系中,理解秦汉魏晋南北朝的政治变迁。田余庆先生的《东晋门阀政治》,重点考察皇权与各种政治势力的相互关系变迁,而我曾对此期的政治制度有若干思考;至于本书的努力,就是把这两个方面结合起来的一个尝试。有人感觉,魏晋南北朝的"集团研究"已趋饱和了。这时候,除了继续在"人"的方面竭泽而渔,我想"人""制"结合,或可开拓出更大空间。

---

[1] 参看田余庆:《东晋门阀政治》,北京:北京大学出版社1996年版,有关部分。

政治文化也是本书的叙述主线之一。当人们采取一个政治行动之时,其脑海中必定有一个观念,令其相信这么做是正当的。作为一个文明古国,战国诸子发展出了各种政治学说。而在此之后,法、道、儒、玄各种学说掀起的各种波澜,斑斑可考、历历在目。法家学说是秦统治者的"指导思想",与之相伴的是文吏群体的发展;儒家学说不仅推动了官学创立,还造成了儒生势力的兴起。道家在汉初一度促成了"黄老政治",此后在魏晋演化为玄学,玄学显然是一种士族文化。田余庆先生甚至认为,"由儒入玄"是门阀形成的条件之一。

想象不同来源的几群人来到一个不毛之地开辟新生活,他们将各自形成一个什么样的社会组织呢?在这时候,其脑海中的不同观念,就是决定性的。在当代世界,分属民权文化传统、集权文化传统、神权文化传统的不同人群,依然各自执着于百年千年久已习惯了的政治生活方式,这样的现实,也给了我们以强烈印象。以"周礼"为名的典章礼制文化,形成了一个"政治文化模板",在帝制时代引发了各种制度复古的努力——我称之为"古礼复兴运动",其荦荦大端当然首推王莽变法、北周改制了。秦汉几个世纪的统一大帝国的显赫治绩,在魏晋南北朝也构成了一个"政治文化模板",维系着中国历史的连续性。本书第十章第一节专门论述了"官僚政治话语",以显示这一时期制度进化和向统一帝国回归的文化动力。有人拿魏晋南北朝比拟西欧中世纪,不过中西有同有异。至少,在一个跨时代的"政治文化模板"一点上,两方颇不相同。局外的旁观者往往忽略了中国史的历史惯性,而在那个时代的当事人的潜意识中,其所遭逢的那种分裂动荡只是一种"乱世"现象,它理应回归"常态",回归于历史的中轴线。这就是一种文化力量。学者还有"历史遗传基因"的提法。田余庆先生认为:"中国古史中始终是皇权至上。……皇权统治思想和某些机制实际上是保存在社会躯体的骨髓里面,可以说形成历史的遗传基因。"①

若时间充裕,我其实也想过,不妨在最后部分增加"隋与唐初官僚政治制度的发展"一节。本书原是"中华文明史普及本"系列丛书中的一种,故叙述至南北朝而止,隋唐以下另有王小甫等先生的《创新与再造——隋唐至明中叶的政治文明》,可供读者阅读。现在此书拿出来单独重印了,若增补一节用于叙述隋与唐初的制度成就,置之于原书之末,可能更便于读者比较秦、唐变迁,理解其间的政治历程。

相对于分裂动荡的魏晋南北朝,隋唐统一帝国的重建与复兴,无疑是一个决定性进展。中国是一个"政治优先"的社会,政治体制在塑造社会形态上是一个巨大权重,那么从"制度史观"看来,一个巨大帝国的解体与重建,就是这个社会的最重大事件。它既是政治、经济、文化、社会、民族各种因素的变迁结果,反过来又将对诸方面施以巨大影响。王朝的分、合、治、乱,毕竟是中国史固有发展逻辑的一个反映。一次次的王朝更迭(或所谓"王朝循环")之中,蕴藏着这个连续发展的政治实体最基本的机制与法则。

六朝与隋唐一个分裂动荡,一个是统一帝国,重大变动明明发生了,其本身就是个划时代的事件。进而,精致的宰相三省六部制发展出来了,奠定了此后千年中央政治行政体制的基本框架;科举制发展

---

① 钟鑫:《访谈:田余庆谈门阀政治与皇权》,《东方早报》2013 年 01 月 06 日。

出来了,在中国史后半期构成了政权的主要制度支柱;唐律诞生了,一整套律令典章确立了"律令秩序",唐律还成了"东亚刑律之准则"。毫不夸张地说,仅此三项进步,就足以在中国制度史上承前启后、继往开来。综合隋与唐前期的各种制度演进,可称秦与西汉前期的创制运动之后的又一里程碑。

  一种"唐宋变革"理论把唐、宋两代分割为二,唐为贵族政治,宋一变而为君主独裁,同时其政治、经济、文化上都"近代化"了。然而经济史观、文化史观下的景象,与"制度史观"看到的景象未必相同。打个比方说,人们知道,任何不规则的波形,都可以分解为不同振幅、不同频率的若干正弦波的"叠加"。历史轨迹也可视作若干线索之"叠加",若将不同线索分解开来,则唐宋间政治体制与经济、文化的起伏"波形",未必同步。例如钱穆的一些看法近于"唐宋变革论":"秦前,乃封建贵族社会。东汉以下,士族门第兴起。魏晋南北朝迄于隋唐,皆属门第社会,是古代变相的贵族社会。宋以下,始是纯粹的平民社会。"①然而当他转而面对政治制度之时,却不由得有了这样的感受:"论中国制度,秦汉是一个大变动。唐之于汉,也是一大变动。但宋之于唐,却不能说有什么大变动。一切因循承袭"②;"元丰改制,一依唐规。不知唐代政府组织,已嫌臃肿膨大,宋在冗官极甚之世,而效唐制,自不能彻底。……此宋代治政所以终不足以追古"③。他也不能

---

① 钱穆:《理学与艺术》,宋史座谈会编《宋史研究集》第7辑,台北:台湾书局1974年版,第2页。
② 钱穆:《中国历代政治得失》,北京:三联书店2001年版,第74页。
③ 钱穆:《国史大纲》(修订本),北京:商务印书馆1994年版,下册第572页。

不承认:进入隋朝,"则为中央政令之统一,与社会阶级之消融。古代之贵族封建,以及魏、晋以来之门第特权,至此皆已消失。全社会走上一平等线,而隶属于一政权之下"①;随后,科举竞选再造了所谓"平民社会""士人政府"。

所谓"君主独裁的兴起",应以进入隋唐帝国为界标。北朝的王权强化和官僚制度的蓬勃发展,甫入隋唐就孕育出了决定性变动。统一帝国重建,周、齐与南朝的制度百川归海,皇帝专制、中央集权与官僚行政都上了一级全新台阶。那种把隋唐三省视作贵族舆论的代表机关之说,明系夸大。九品中正制被废,官吏依考课进阶,越来越多的高官出自考试,封爵的世袭性大为下降,等等,都显示唐代已非门第社会或"变相的贵族社会",明明是一个竞争性、流动化、功绩制的官僚社会了。此时士族门第的影响力只是历史残余而已。隋唐选官的用荫特权,也已变成了官僚特权,而非门第特权②。不能只看"人"而不看"制"。从"制"的方面说,我们明明看到了升级换代。即便从"人"方面说,昔日的士族也已按新的游戏规则争权夺势了。

当然,士族门阀、部落贵族的巨大身份特权,在唐宋不可能一下子降下来。唐宋门荫、恩荫依然保持了较大规模。从数量上说,唐代官吏大多数来自门荫。宋代科举已非常繁荣,科举取士平均每年达360多人,但恩荫入仕者规模更大,每年不下500多人③。品位结构或

---

① 钱穆:《国史大纲》(修订本),北京:商务印书馆1994年版,上册第379页。
② 可参考宁欣的评述:唐朝依父祖官品用荫,"否定了门阀专政时期的门第高低作为享有世袭特权的原则"。参看其《唐代门荫与选官》,收入《唐史识见录》,北京:商务印书馆2009年版,第68页。一个依据门第,一个依据官品,这就是魏晋南北朝与唐朝的差别。
③ 张希清:《论宋代科举取士之多与冗官问题》,《北京大学学报》1987年第5期。

位阶体制,可以直接反映出其时官僚的身份化程度。而我们的研究显示,唐宋两代都存在着叠床架屋的品阶勋爵和优厚的品位待遇,进而就是两朝的政治特征相近,官僚与皇帝权势分配格局相近①。时至明清,较大变动发生了,皇权大为强化,而官僚的身份性大为淡化。其变化动力,一是专制主义自身的连续发展,二是蒙古与满族的异族征服。

唐宋两朝的政治体制的相似性大于相异性。其间虽有变化,但其变化幅度,未必就比秦汉四百年的变化幅度更大,更达不到所谓"变革"的程度。而且,此期经济、文化、社会方面的若干新现象,看上去与西欧近代有点儿相似,但总体仍然从属于中国史的内在演化规律,不具西欧的那种"近代化"的意义。至今中西政治形态的巨大差异,就是一个极有力的证明——下游的江水都是从上游流下来的,各有其来龙去脉。把唐宋两朝视为同一阶段,那么隋与唐初制度成就的划阶段意义,就更为凸显了。

以上赘述无甚高论,只算是对原书思路的又一次打磨。把思路弄得系统、清晰、明快一点儿,总比散乱、模糊好。期望对注重思辨的读者能有所裨益。

作者　2017 年 02 月 15 日

---

① 阎步克:《中国古代官阶制度引论》,北京:北京大学出版社 2010 年版。此书各章都显示唐宋的品位结构属同一类型,可划入同一发展阶段。尤其第八章第五节"唐宋间职事官的阶官化"。

序　言

一　官僚帝国体制的观察视角

本书叙述中国官僚政治制度的前期发展历程。所谓"前期",指的是秦汉和魏晋南北朝时期。

夏商周的国家,有的学者称为"方国",也有的学者称为"王国"。"方国"之"方",显示了那些形成了"国"的各个政治实体各据一方,"王国"之名则突出了此期的君主称"王",存在着王权的情况。此阶段历时约十六七个世纪。自战国变法以降到秦汉王朝,则开启了一个新时代,这时候皇帝专制、中央集权和官僚政治呱呱坠地了。这种政治体制,从政治学上说应属"官僚帝国"。战国到秦汉的这个历史转型,确立了两千年各王朝的基本政治架构。帝制的终结,至今还不到一个世纪呢。

皇帝专制和中央集权,一般是要通过官僚组织来贯彻的。就历史上大多数情况看,在存在专制、集权的地方,往往也存在着一大批官员。官僚组织本身的特性之一,就是权力结构的集中化。若干骑马民族也出现过一些以严酷著称的首领,但不好说那是一种"专制体制",因为那里不存在官僚行政组织。当然,对传统中国政治是否是专制的,人们也有不同看法。有人认为,传统中国存在相权、存在科举考试、存在士人,皇帝不能为所欲为,所以帝制中国不是"专制"的;还有人认为,技术条件限制了传统皇权,使其达不到专制和集权。这问题该怎么看呢?我们觉得,概念的界定,应以能更好地区分事物之间的差别为原则。不必过分拘泥"专制"一词在西文中的原初所指,它在中国史研究中使用已久,约定俗成了。从世界史的范围看,中国皇帝的巨大集中化权力,不能不说是一个突出现象。这种政治传统一直影响到当代。1981年中国共产党的《关于建国以来党的若干历史问题的决议》:"长期封建专制主义在思想政治方面的遗毒仍然不是很容易肃清的。"邓小平也承认:"旧中国留给我们的,封建专制传统比较多,民主法制传统很少。"福山的《历史的终结》一书甚至认为,由于儒学传统影响,东亚社会将走向一种"亚洲新专制主义"。不同的"专制"用法虽然所指各异,但总归折射出了这样一个事实:中国政治集权传统是最具典型性的,它一直影响到中国当代。部分人不愿采用"专制"一词,是出于对祖宗的"温情和敬意",但正如林达先生的《心有壁垒 不见桥梁》一文所说:"专制制度的存在并非奇耻大辱,因为每个国家都经历过专制。它像奴隶制一样,只是人类政治制度发展的一个阶段,一种形式。"是在现代文明的今天,方应断然拒绝专制。从历史的比较和现实影响看,把传统中国政体称为"专制的",由此与其他不同的政体区分开来,在研究上是比较便利的。

在面对两千年传统官僚制度时,我们的基本视角有三:第一,官僚组织的理性行政。复杂的行政组织一旦演生出来,那么行政的合理化,就必然作为一种内在规则而发挥作用。比如说,它推动人们采用科层式的分官设职架构,依照选贤任能的录用程序,严格遵循法律和充分利用文档,等等。古代政治家在"分官设职"的时候,逐渐体察到那些规则并日益娴熟地运用着它们。那些规则也常遭破坏,比如皇帝超越法制而狂悖专断,或官贵们出于私利而要求特权,等等。但从长时段看,它们仍是支配行政运作的基本规则之一,并构成了制度进化的动力。理性化了的行政还是官僚组织之相对自主性的来源之一:皇帝个人的为所欲为,不能过分损害理性行政,他不能自拆台脚。宰相所谓"相权"的制度支持,就是官僚行政的相对自主性。

第二,权力斗争和权益分配因素。皇帝和各色官贵构成了社会的统治阶级。官僚体制不仅是一个安排行政功能的架构,也是一个安排身份、分配权势的架构。权势的分配一般采用"官本位",是通过品阶勋爵来实现的。官僚的位阶有如地主的土地和资本家的资本。从理论上说,皇帝至高无上,集政权、法权和军权于一身,在权势和利益的分配上皇帝占大头儿,同时各种政治势力也各有其份额。君权不仅仅存在于保障其"作威作福"的制度条文之中,现实政治中的君权是动态的,其贯彻的强度和运作的空间,是受各种政治势力制约的,是君臣"博弈"而达到的动态平衡。周代贵族世卿世禄,拥有重大的传统权势,这时的周天子就不好说是专制君主;战国变法中君权的强化,以削弱和打击贵族为先声。这说明了什么呢?说明官贵的形态及其与君主的关系,也是塑造君权的因素之一。

王朝中存在着各种形态的官僚权贵,如文法吏、士人、士族、军功官僚、外戚、皇宗、宦官,在异族政权中还有部落贵族,等等。他们所来自的社会阶层不相同,其向皇帝分割权势的能力和方式也不同。各色官贵的政治角逐会造成不同的政治形态,如文吏政治、士人政治、门阀政治、军功贵族政治、宗王政治,还有外戚专权、宦官专权、异族统治等。文法吏与皇帝的结合,很容易导致一个刚性的专制皇权;儒生士大夫与皇权的结合,则将促成一个弹性的皇权。在王朝初年,军功集团可能拥有较大势力,但随后又可能被文官群体逐渐取代。皇宗、外戚、宦官都是皇权的附属物。在历史前期,外戚、皇宗拥有较大参政空间,到历史后期则大受限制。宦官势力有助于君主独裁,但也会导致皇权的恶化,并使皇帝与士大夫之间出现裂痕。异族政权中存在着民族冲突的张力,这时部落显贵通常是皇权的坚强支持者。当然,部落因素也会使政治斗争呈现出无规则性。士族门阀具有"贵族化"的性质,而在官僚"贵族化"了的时候,皇权往往就比较低落,二者呈此消彼长的关系。比如说,当门阀只凭门第就能占有官位之时,皇帝予取予夺的权力就被分割了。这里所谓"贵族化"是一个过程。一些时候官员会趋于身份化、特权化、阶层化、封闭化、自主化,这种演化的最终结果是贵族化,但现实中它可能停留在某种程度上,或浓厚或轻微。总之,在皇权与不同政治势力以不同方式结合起来的时候,皇权会呈现不同的面貌。甚至,当官员发生贵族化时还会出现专制和集权的弱化。

说到士人,轮到第三个视角了,即知识群体及其文化传统的因素。在传统中国,大多数时候官僚来自知识文化群体,或说士人。士人拥有古典文化知识和儒家政治理想,提供了帝国统治所需的文化知识,维系着正统意识形态;他们还发挥着制约皇权(通过谏诤等活动)、整合社会(通过教化等活动)的特殊功能,这些特殊功能使帝国体制较富弹性。由此,中国官僚政治就呈现为一种特殊的"士大夫政治"。当然,士人的行为模式也不仅仅取决于其文化观念,他们也可以成为一个有其特殊利益的社会阶层,甚至演化为封闭的政治集团,例如中古时代的士族门阀。士人阶层及其文化传统对传统政治制度的影响,是灼然可见的。例如,它催生了那些培训和录用士人的制度,如学校制度和科举制度。他们的文化理念也影响着制度的样式。王莽的"复古改制"就是一个好例子。总之,"士大夫政治"是传统中国最富特征性的现象之一。

二 波峰与波谷

本书题为"波峰与波谷",以此描述秦汉魏晋南北朝专制官僚政治的起伏轨迹。秦汉是它的一个波峰,其时帝国的规模、制度的进步和管理的水平,都处于古代世界的前列;魏晋南北朝则陷入波谷:帝国面临着动荡、分裂,在体制上也出现了变态、扭曲。

秦汉帝国的政治制度不是无源之水,它是先秦政治制度经缓慢发展,逐渐累积出来的转型和质变。周朝的官员体制就已颇具规模了。也就是说,在中国政治史的"王国"时代,就已蕴藏着专制、集权和复杂政治组织的萌芽了。战国时经济文化的繁荣,引发了剧烈政治转型。小型简单社会发展到了大型复杂社会,那么更复杂、更高级的管理方式势在必然,呼之欲出。这时候出现了一个法家学派,其法治学说跟现代的官僚制理论竟然有很多契合的地方。西周春秋时诸侯国天各一方、各自为政,而战国以来各国政权都在走向集权,君主不仅公然称"王",甚至尝试称"帝"。先秦还出现过一部规划官制的古书《周官》,其成书年代虽不怎么清楚,但其中"分官设职"的精心安排,也反映了中国人对精密整齐的官员组织很早就兴趣盎然。另一些民族在同一时期就没出现类似文献,可见《周官》是个很"中国特色"的东西。

"六王毕,四海一",秦始皇帝灭六国,出现了皇帝一人君临四海的局面。周代实行的是"世卿世禄"的贵族政治,汉代一变而为"布衣将相""选贤任能"之局;那些"世卿世禄"的古老贵族,到汉代就没什么特殊政治影响了。秦汉行政充分利用文书档案,严格遵循法规故事,其组织架构所达到的复杂完善程度,被认为超过了同期的罗马帝国。一批训练有素的"文法吏"承担起帝国政务。君主通过郡、县、乡、里,有效统治着广袤的国土和千万小农。汉武帝登基后决意独尊儒术,儒家学说成了王朝正统意识形态,儒家的"礼治"精神开始和帝国的"法治"结合起来;"经明行修"的士人源源进入政府,与文法吏并立朝廷。士人与文法吏后来逐渐融合起来,由此确立了"士大夫政治"。这种"士大夫政治",在历史早期已有其萌芽形态了:周代的贵族士大夫不仅承担着国家行政,同时也是一个拥有文化的阶层,他们受过"六艺"和"礼乐"训练。这种"礼乐文化"具有调节政治和维系身份的双重功能。

在这个时候,中华帝国初步奠定了它的"常态"。"常态"指什么呢?就是皇帝专制、中央集权、官僚政治、儒家正统和"士大夫政治"。夏商周政治发展的涓涓细流,在秦汉汹涌澎湃,掀起了第一个巨大洪峰。一座权力高度集中化的等级金字塔,初具规模,矗立在中国历史舞台上了。

魏晋南北朝就不一样了。东汉帝国在重重危机中解体,其后是三国分裂,皇权低落,政治动荡,出现了法纪松弛的情况。统治集团封闭化了,若干大官僚的权位家世蝉联。在东汉已逐渐壮大并取得了文化支配地位的士人群体,此期演变成一个士族门阀阶层。儒学低落,玄学清谈和佛教、道教流行开来,它们以某种形式、在某种程度上淡化了皇权的独尊和神圣。西晋的短期统一,被北方民族打破。东晋偏安江左,皇权微弱,门阀显赫,一度获得了与皇帝"共天下"的门第权势。由此所造成的政治"变态",使中国历史的另一些可能性显露出来了,例如学者所说"封建化""贵族化",等等。而"五胡乱华"和十六国林立,又使中国北方陷入了动荡;少数族的部落显贵活跃于时,部族因素导致了政治制度的扭曲变形,从而造成了另一种政治的"变态"。凡此种种,都使这个时代呈现为一个帝国的低谷或曲折。

然而低谷和曲折中,我们依然能看到政治制度的进化迹象,像三省制的进步,察举制的进步,位阶制度的进步和法制的进步,等等。在走出低谷之后,隋唐大帝国来临了。隋唐政治制度上承秦汉,同时又更上一层楼,像三省六部制、科举制、《唐律》等制度方面的重要成就所显示的那样;而魏晋南北朝的制度进步,就构成了汉唐间制度进化的阶梯和环节。是什么力量最终抑制了政治"变态",并使魏晋南北朝不仅仅呈现为一个曲折,同时也呈现为进化阶梯呢?是秦汉遗留下来的如下政治遗产:官僚组织及其行政传统,士人阶层及其文化传统,以及中国皇帝顽强的专制意向。由此,所谓中国的"中古",并没有重复蛮族南下后西欧中世纪的那种经历。蛮族甫下之后的西欧中世纪,没能把罗马帝国的官僚组织和专制倾向继承下来。秦汉的制度文化展示了巨大惯性,它使帝国政治在穿越了各种波动变态之后,仍得以回归于其历史运动的"轴线"。

三　常态、变态与回归

秦汉魏晋南北朝在中国政治史上处于什么地位呢？一种看法，把战国至秦视为中国封建社会的发端。这个"发端"，与战国间的巨大历史转型合拍了；而汉晋间所发生的，则是同一社会形态下的较小变动。研究魏晋南北朝史的一些学者，则认为秦汉社会的经济基础是奴隶制，魏晋南北朝才是"封建化"的时代。那么汉晋的社会变动，就具有了划时代的意义，这些"封建"概念，都可能与政治学意义的"封建"发生冲突。还有一种分期模式，认为秦汉以前属古代，六朝属"中世"，其特点是"贵族政治"；唐宋间再度发生"变革"，由此进入了"东洋的近世"。如果说"魏晋封建论"只凸显了对中古的"进入"的话，"六朝贵族"和"唐宋变革"既凸显了对中古的"进入"，又凸显了由中古的"走出"，从而为解释唐宋间的各种变迁提供了框架，因此特别受到了唐宋研究者青睐，尤其在各种"封建论"后继乏力之时。对同一历史进程，从不同视点能看到不同景象。各种分期之说都推动和深化了相关认识，构成了不可或缺的学术积累。日本学者宫崎市定有句话说得很好：对历史最好的理解，往往产生于历史分期问题讨论的开始和终结。确实，20世纪中国史研究的大量重要收获，都是在"分期论"的引导之下做出的。

田余庆先生的著作《东晋门阀政治》，在叙述魏晋南朝政治史时采用了"变态"与"回归"的用语。士族门阀政治是中古最突出的政治现象之一,而在田先生看来,以"门阀与皇权共治"为特征的"门阀政治"只是"皇权政治的变态"而已,它来自皇权政治,最终必将回归于皇权政治。这其中包含着一个"变态—回归"的叙述模式,同时也顺理成章地引出了"常态"的问题。"常态""变态""回归"这些概念,为人们理解中国历史的连续性,提供了启示。

中国历史的连续性,在较早时候是被称为"停滞"的。18世纪的欧洲人阅读中国历史时,他们感觉,这个帝国从早期到晚期好像没多大变化,于是就产生了"停滞"的说法。亚当·斯密、黑格尔都有过"中国停滞"之说。"停滞论"在20世纪低落了。随着研究的深入,中国历史前后期的各种变迁不断被揭示出来,"传统—现代"成为观察历史的基本参照系,"停滞论"被"分期论"取代了。不过"停滞论"虽有不当但却不是向壁虚构,它也是基于一定史实的有感而发。这在20世纪,更多地被表述为"连续性"。与"停滞"不同,"连续"的提法不含贬义,可以容纳"发展"和"变迁"。余英时先生指出:中国文化的延续性很强,从商周到明清、直到今天,中国一直存在着一个独特的政治传统,它在秦以后表现为大一统的政府;此后只有"传统之内的变迁",除了秦与近代,中国历史上缺乏里程碑式的事件。为此余先生提示要多研究中国政治史,不要存一种现代的偏见,以为经济史或思想史更为重要。

专制集权官僚体制自秦而始,皇帝—官僚—编户齐民的三元体制、官僚行政组织和法律、士大夫的支配地位和儒家正统意识形态等,作为基本或经常性的特征,连续发展直到明清。所谓"二千年之政,秦政也",所谓"百代多行秦政法"的说法,表达的都是类似的"两千年一贯制"的观感。所谓"连续性"的提法,必然是就一个主体而言的。中国历史变迁的主体是什么呢？除了种族之外，我们认为就是其独特的制度与文化。在这个意义上不妨说，中国历史就是秦始皇和孔夫子的历史，前者奠定了中国制度的基石，后者奠定了中国文化的主调。经济关系和经济形态虽然重要，但那不是中国历史"连续性"的主体，而是一个作用于主体的影响因子。在传统中国，"政治"这一块儿的权重很大，皇权、官僚体制和士人在支配社会生活上、塑造社会面貌上举足轻重，这使经济变迁所带来的"社会形态变化率"，大为减小了。好比一幅图画，若某种色彩太重，则其他颜色的几笔涂抹，就不大容易改变整体的色调。对秦始皇的事业古人有"自上古以来未尝有，五帝所不及"之赞，近现代之交的历史变动也被称为"古今一大变局"。然而帝制两千年，今人所认定的某些"变革""转型"，如租佃制的成熟、商业的繁荣、城市发展、技术变革、文化的繁荣、理学的思想等，却没能让古人生出"变革""转型"的感觉来；他们依然作为编户齐民，生活在皇帝、官府之下。毕竟是古人而不是我们直接面对那个时代，他们对生活变迁程度的真切感受，必定有其道理在内。总之，帝制两千年的政治文化体制，在发展中保持着若干基本特征，可以将之看成"常态"。也许有人会认为"常态"的提法是"非历史"的，是用主观标准剪裁历史；其实恰好相反，这里"常态"不是先验的预设，而恰好就是历史的，因为它是两千年的历史结局最终显示出来的，是由历史观察得到的。它既是古人的观感，也是后人的观感。为此，在经济史观、文化史观之外，我们采用一种"制度史观"。

在思考"连续性"的时候，"变态—回归"视角有什么理论价值呢？价值在于，它可以进一步丰富和拓展对"连续性"的认识，一种把"变态—回归"考虑在内的"连续性"。其实,中国历史本来也蕴含着多种其他的可能性,各王朝、各时代,都经常发生着各种各样的"变态"。相对于中央集权,有割据分权的因素;相对于官僚政治,有贵族政治的因素;相对于士大夫政治,有军人政治、文吏政治;相对于正统的纲常名教,有玄学"无君论"及道教、佛教等最初形成"异端"的因素;等等。尤其是帝制早期,中国历史的另一些可能性,就展示得更充分一些,或说起伏波动就会来得更大一些。所谓"两千年一贯制",并不是一个线性上升的进程,然而在各种事象的沉浮动荡中人们看到了一条"轴线",它最终呈现为各种上下波动、左右摇摆所围绕和趋向的东西。这个变迁的"中轴",就是我们所说的"常态"。这也意味着,"常态"其实是"动态"的,它不应被理解为某皇帝的统治就是"常态"。

秦汉王朝是官僚帝国的奠基时代,它确定了中华帝国的各种基本特征。此后两千年中,那些基本特征在制度形式上不断完善、不断精致化。当然秦汉王朝统治之时,各种其他可能性,或说"变态"也是同时存在、不断发生的。而魏晋南北朝,更呈现为一个多方"旁逸斜出"的段落,以致在"分期论"的视角中,它被若干学者视为一个特别的开端或特殊的阶段。但本书不仅参用了"分期论"视角,也在"变态—回归"的视角中观察它。这就是说,有两个评价的尺度:第一个尺度,是着眼于它与前朝后代的差异,尽量突出它的特殊性,这是"分期论"的尺度;另一个则是"变态—回归"的尺度,即在观察特殊性的同时,去寻找那些抑制"旁逸斜出",并最终使历史步伐回归于"中轴"的力量和条件,及造成"变态"与导致"回归"的机制与过程。后一叙述模式,与"分期论"的叙述就不相同了。

基于"制度史观"思考秦汉与魏晋南北朝历史,"治""乱"的传统概念具有新的启示意义。比如,从经济关系看魏晋是"封建"时代,从权势集团看六朝是"贵族政治"的时代;但换个视角,魏晋南北朝又有一定"乱世"性质,某些特征性现象具有暂时性和过渡性。即令在"王与马,共天下"的东晋,士族宣称"士庶之际,实自天隔"的南朝,"尊君卑臣""选贤任能"仍是最具正当性的政治论说;制度的运作发生了扭曲和松弛,但制度架构本身依然是保障"尊君卑臣""选贤任能"的。而权臣当政、官贵世家现象,在其他王朝也存在着。再拿五代十国做个类比:能否因为其分裂割据、军人当政,以及私属、庇护和恩主关系的普遍化等,就把五代十国单独划为一个"封建时代"呢?大概不能吧,因为这五十多年是"乱世",其暂时性、过渡性太明显了。十六国北朝与辽金元等异族政权的部落因素,最终也没有成为中国制度史的主导,其主导的方面是在"汉化"现象中体现出来的。为此对"乱世"就需要区分出两个层面来:第一,中央政权是否在稳定运作,对较大疆土与较多人口有效行使国家权力,假如不是这样,则属动荡和失序;第二,体制本身是否在保持基本特性的情况下继续进化着,否则就是发生了扭曲和变态。两个层面显然不是同一问题。中国史的后期,照样有动荡、有失序、有王朝崩溃,但体制本身的波动幅度,明显地是越来越小了。反过来说,历史前期的体制波动幅度大得多,周期性衰败后再度复兴需要的时间长一些,魏晋南北朝这个波谷也长得多。但历史最终穿越了扭曲和变态,向其"中轴"回归了。

若从"治—乱"角度观察,"连续性"还应把"周期性"考虑在内。社会学家告诉我们,官僚组织存在着"僵化周期"(rigidity cycle);传统专制官僚政权也有类似的"王朝循环",存在着"盛衰"的变化周期。王朝在初创期往往富有活力,但随后就积累着僵化、老化、腐化的因素,导致了一个个王朝的崩溃。所谓"循环",所谓"周期",其起伏的波形当然不一定很规则,其中包含着很多律动的叠加。我们知道,不规则的电波波形,其实是由很多规则的正弦波叠加而成的;与此相似,影响历史轨迹的经济、文化、政治、制度、民族甚至环境等各种因素,它们各有自身的律动,在观察时是有可能将之解析开来的。问题在于,王朝衰败后经历了一段混乱动荡,它们又以类似的样子建立起来了。其间就存在着"连续性"。即令动乱时分,看上去也存在着一块"模板",它跨王朝地传递着基本的制度文化信息。古人把王朝更替表述为"一治一乱""一分一合",一些朝代是"乱世",另一些是"治世"。今人可以自居于历史的最高点,指责那种治乱分合的传统历史观的简单肤浅。不过那种史观依然不是没有意义,因为其中包含着衡量"治""乱"的尺度:一些稳定强盛的王朝被认为代表了"常态",其间又存在着一些过渡性的"乱世"。衡量与评价"治—乱"的尺度作为一种政治文化观念,推动君主、官僚和士人们去寻求"常态",从而影响了历史进程。那种"治—乱"历史观念,也承载着帝国体制的"模板"。

在王朝周期性地僵化、老化并因而解体之后,士人阶层的活动及其承载的政治思想,无疑会发挥不可或缺的继往开来功能。然而军人也有其特殊贡献。李开元先生对"马上天下"有论,他认为,中国历史的通例是"由政治军事集团通过战争建立政权",这是一种缺乏创造性的改朝换代方式。而在我们看来,"马上天下"也是维系和强化旧有体制的特殊机制。梁启超早已指出:"专制权稍薄弱,则有分裂,有分裂则有力征,有力征则有兼并,兼并多一次,则专制权高一度,愈积愈进。"军事和战争既是摧毁王朝的手段,也是激活旧体制的途径。军队的暴力性质、集权结构、严峻法纪和功绩制度,与专制集权和官僚政治有天然的契合性。在历史上常能看到,血与火中一个生机勃勃的军事集团重建政权,新兴的皇权把动乱所激发出的暴力体制化,并进而向官僚组织注入了新的政治能量。

那种"马上天下"也可能来自外部,即异族入主。民族征服和民族压迫,北方骑马民族的军事性格和主奴观念,在异族政权中造成了更大的结构性张力;在其与汉式的官僚组织结合之后,能够孕育出更强悍的专制与集权。所以魏晋南北朝这个帝国的低谷,是以北朝作为"历史出口"的。十六国北朝并不仅仅是中国历史的一个"不必要的曲折"。异族入主既是造成体制"变态"的动因,但也是一种振作帝国体制的"回归"动力。类似的事实提示人们,北方民族的存在及其历次入主,不仅仅是给传统王朝造成了外交和国防问题,也是影响帝国体制及其变迁的重要因素。由此,"从民族史看中国史"的相关研究,就呈现了更大的开拓空间。

若把"变态""回归"和"周期"考虑在内,"连续性"的概念就丰富宽阔多了。对两千年的政治进程,综合考虑其发展的连续性、阶段性和周期性三者,就可以得到一个"螺旋式上升"的演化轨迹。进程的两端——战国和清末——则是断裂和转型期,进程本身则出现过各种波动和失序。具体到本书,对秦汉我们将主要叙述帝国体制的"奠基—定向",当然是将之处理为一个动态进程,也要考察其间的各种起伏波动;对魏晋南北朝历史,则参用"变态—回归"的叙述模式,这"回归"是指"回归"于发展的轴线,是包含进化和发展的,而非全盘复旧。

中国政治文化体制的连续性,几乎是举世无双的,它显示了吸收异化因素的巨大能力,历经变迁而保持着其基本特征和深层结构。四千年的中国史,夏商周的早期国家可以说是其政治文化体制的1.0版,两千年儒教帝国可以说是其2.0的升级版。直到今天,世界这五分之一的人口,依然生活在一种独特体制之下。中国国家升级换代的3.0版,正在形成之中。它在多大程度上,将继续保持其制度文化的独特性,或在多大程度上,逐步与世界潮流一体化,已是其所面临的最重大选择之一。历史考察的主题,总是与时代主题相关的。中国近代的变迁,以往是用"传统—现代"模式来解释的,这也是"分期论"在20世纪占据主导的原因之一。而21世纪的"中国崛起",以及"中国道路""中国经验""中国特色"等等却暗示,近代的变迁和转型,也可能是一种吸收现代因素或消化异质因素的自我更新过程,成为中国制度文化的一个3.0升级版。是否真会如此呢?这反过来为历史学提出了新的课题,即从"制度史观"出发,通过对其漫长进化中的常态、变态、周期等等的考察,来探索其"连续性"的秘密。

第一章 从王国到帝国

一 从王国到帝国

"王国"时代可以把夏朝算做它的开始。这时候留下一个"大禹治水"的故事。很多民族都有过史前洪水的传说,在中国却是"治水"的传说。"治水"与国家的进化有什么关系呢?大规模的"治水"就需要专门规划,需要用职能分工和集中管理的方式大规模组织人力,也许这就促进了氏族社会的质变和集中化权力的产生吧?所以有的学者说,夏朝国家是对战胜洪水的献礼。这是个尚未证实的推测。夏商周的官制中,治水之官并无特殊地位。然而它也启发我们,去考察那些足以导致集中化管理的类似行为,比如筑城。在史前大约相当于尧舜禹的时代,已有数十座原始城堡被发现了。河南偃师二里头的一号、二号宫殿,被认为已属夏文化;建筑这样的宫殿,所需的劳动日估计要以数十万、上百万计。学者认为,这就是存在着国家组织的旁证。

王国诞生的前后,社会内部的阶级分化很明显了,可是看不到太多古希腊的那种"阶级斗争"的迹象,倒是部族之间战火四起,黄帝、炎帝、蚩尤诸族间兵戎相见,一片刀光剑影。部族间的敌对、征服和联盟对中国国家的演生,大概起到了重要作用。征服和暴力,也是公共权

图一 青海民和喇家村齐家文化遗址,史前洪水中的母子遗骨

力的催生婆和强化剂。新石器时期发现的大量兵器,已不仅是用来对付野兽,也被用来对付同类、对付人了。此期墓葬中那些伤痕累累的残缺尸骨,就是证据。有人把这个时代比作"英雄时代",但借用马克思那句名言"资本来到世间,从头到脚,每个毛孔都滴着血和肮脏的东西",也可以说,国家权力从其来到世间,就是一个从头到脚都在滴血的东西。文明是用野蛮为自己来开辟道路的。

传说在虞舜之时,禹作司空、弃作后稷、契作司徒、垂作共工、益作虞、夔作乐官、龙作纳言、皋陶作士。这禹、弃、契又分别是夏、周、商族的首领,他们在部落联盟中各司其职,朦胧地呈现出了"官员"身份。

这是很有意思的。《左传》还曾提到,少皞挚时曾有一种"鸟师而鸟名"的制度,凤鸟氏做历正,玄鸟氏做司分,祝鸠氏做司徒,雎鸠氏做司马;四类24种鸟名,对应着四类24个官职。那些鸟名,应该都是氏族之名。这就是一种古老的职官形态,其中部族因素与官职结构混融不分,姑称"族官制"吧。一部一族之长,又在更高的政治单位中承担官职的情况,在周代的世官制中仍然看得到,比如滕国之君为周之卜正,陈国国君为周之陶正,楚国的钟仪之族世代做伶人(即乐师)之官,郑国的公孙黑之族世代做行人(即外交官)之官,等等。

从甲骨文、金文以及文献中,能看到商周有大量氏族的存在;可在同时,官员体制也日益清晰、复杂起来了。周朝政治制度已较体系化了,而且留下了很多被后代沿用的官名。周初的大分封,确立了数十个诸侯国。诸侯把采邑封授给卿大夫,卿大夫之下有士,士为天子、诸侯和卿大夫承担各种职事。由此形成了天子—诸侯—卿大夫—士这样一种等级秩序。王廷的元老大臣称"公"。其下有卿事寮、太史寮,前者掌行政事务,后者掌文书图籍、宗教文化事务。内廷官则有太宰、膳夫等。宗法制发展得特别完备,它根据亲疏嫡庶关系,来构成血亲团体、维系宗族秩序和确定个人身份。国君也好,贵族也好,都依照宗法而采用嫡长子继承制,即由正妻所生的长子继承地位。从现代的角度看,政府组织与亲缘团体是性质迥异的,然而官员体制和宗法关系的同时发达,却构成了中国早期国家的突出特点。这是个让人惊异的事情。

西周春秋的政治形态,集权程度远不如帝制时代。天子直辖的地域不过王畿而已,诸侯则遥居各地,其间有着广袤的间隔。诸侯们最初还听命于远方的天王,但随着时间推移,空间的政治维系,因天高地迥而逐渐松弛下去。列国国君在境内的予取予夺能力,也是以贵族"世卿世禄"的传统特权为限度的。贵族各有其宗族和采邑,大的采邑如同小国一般。所谓"百乘之家""千乘之家"的提法,显示贵族们出得起百辆、千辆兵车,这样的"家"宛如国中之国。"溥天之下,莫非王土"之语,只是夸耀溥天之下没有敢作对捣乱的敌手而已,其实周天王并不直接管理诸侯的行政、卿大夫的采邑,遑论生活在农村公社之中的列国农民了。农村公社超越了血缘性的氏族公社,具有地域编制的意义;其中实行"井田制",土地定期重新分配,可见它仍带有一定"公"的性质,故称"公社"。

早期的王权虽集权程度不如帝制时代,但也显示了众多的集权倾向。商王自称"予一人",宣称他代表部众对天负责,又代表"天"统辖部众。周王的"天子"之称,也具有一人之下、万人之上的意义。"王"在古文字中是斧钺之形。在史前墓葬中,出土大钺、玉钺的墓葬往往是首领之墓;周武王伐纣之时"左杖黄钺",还用这黄钺砍掉了纣王的脑袋。那么从史前到商周,斧钺都是军权的象征:对外是征讨诛伐之权,对内是治军行刑之权。然则"王"字为斧形,暗示了王权的军事来源。

春秋战国时兼并日趋剧烈。组建强大军队、争取战争胜利的努力,也推动着权力和控制的集中化。楚、晋、秦等国已在边地重镇设"县"了,尽管其长官最初多为世袭,但往往由国君直辖,与卿大夫的采邑不相同了。战国的"郡"最初是一种军区,所以其长官称"守",即镇守者。换言之,郡县制源于以军政方式对地方实行集中化的控制。史籍所见的列国基层管理,有轨、里、连、乡或比、闾、族、党、州、乡之类形式,它们在春秋以下日益清晰严整起来了。《周礼》所叙六乡编制,是五家为比,五比为闾,四闾为族,五族为党,五党为州,五州为乡;而《周礼》所叙军队的编制,则是五人为伍,五伍为两,四两为卒,五卒为旅,五旅为师,五师为军。可见,州闾编制与军队编制一一对应,二者存在着同构性。可以再度推断,集权性的军事编制,曾有促进行政编制集中化之功。匀称整齐的地方行政编制,是便于统帅调度和官吏管理的。对村社和农民的控制日益强化起来,井田制向授田制过渡。井田制本来具有"公"的性质,在其之下,农民个人对土地的私权是极不充分的;私权观念的淡薄,大大减少了国家实行授田制的障碍。汉代的农民终于获得了土地的私权,可这时他们作为编户齐民,早已习惯强大的国家权力,习惯国家对之的人身支配和对其生活的直接干预了。

战国变法的主旋律是"法治",这"法治"不是现代法治,而是"以法治民"的意思,其内容就是君主专制、中央集权和官僚政治。周代的宗法贵族政治,还有浓厚的"礼治"意味。什么是"礼治"呢?"礼"源于"俗",即小型原生社会的各种礼俗。在缺乏社会分化的原生社会中,通行的规范是"日用而不知"的礼俗。"周礼"的基本精神是"尊尊、亲亲、贤贤",它依然带有"俗"那种缺乏分化的性质:把政治统治、亲缘关系和道德文化混融为一体,各领域的规则和角色混融不分。战国"法治"则适应了政治领域的巨大分化,"法治"排斥"亲亲"、排斥"贤贤",而把政权建立在纯政治性的法律之上,交付于训练有素的专业吏员之手。

秦国的商鞅变法取得了最大成功,这跟秦国的特殊文化传统关

图二　秦兵马俑

系不小。秦国地迫西戎,"与戎狄同俗",中原的"礼乐"在此影响甚微,野蛮的人殉习俗却长期存留着。其地游牧狩猎的风习特别浓厚,民风剽悍,至汉犹有"关东出相、关西出将"之谚。学者曾指出,专制统治者往往也是"伟大的建设者",其建筑特点是"宏伟的风格"。秦国并不比列国富庶,但陕西凤翔发现的秦君陵寝却规模巨大,1 号陵园即达 20 万平方米,是已发现的先秦墓葬中最大的。可以推知,秦政权很早就具有巨大的征发能力,民众也早已习惯于国家的役使了。兵马俑坑中所见庞大"俑军",大量刑徒的使用,都富有"秦国特色"。学者荀子在赴秦考察时看到:秦人纯朴,很少声乐服饰的享受,"甚畏有司而顺",民众生路狭窄而国家使民酷烈。纯朴剽悍又顺从官府,这真是专制和霸业寻求者的天赐之资啊！关东之人斥秦为"虎狼之国"，秦统一后还出现了关东民众"苦秦苛法"的情况，但秦地的秦人却没那样的抱怨，因为"苛法"他们久已习惯了。正像今人所说，有什么样的人民，就有什么样的政府。

为强化"耕战"体制，商鞅在变法时还建立了二十等军功爵制。这种制度规定，砍掉一个敌军军官的脑袋，就赐爵一级，进而获得"授田宅"等等各种好处。为此，关东列国指责秦是"尚首功之国"。然而军爵之制也无异于一场社会革命，它敞开了以"功绩"为标准的社会流动渠道，即令是宗室贵戚，若无军功也将丧失尊贵的身份，从而给贵族制以沉重打击。军功爵本是一种军队管理手段、一种功绩制，它一度发展为社会的一般身份尺度，社会的一元性也由此而强化了。军事立国倾向与法制的严明也是互相推动的。秦国的法制成就举世瞩目。曾有个叫司空马的人，与赵国的国王比较秦、赵优劣。面对着司空马"国孰与之治""律令孰与之明"一系列询问，赵王只能一一答以"不如"。司空马遂云："然则大王之国，百举而无及秦者，大王之国亡！"荀子对秦国的吏员素质和行政效率也印象深刻："百吏肃然"，"听决百事不留"。荀子大为感慨："故四世有胜，非幸也，数也！"在列国争霸中秦国后来居上，并不全在秦兵强悍，更在于秦国打造了一架精密而高效的行政机器，拥有训练有素的法吏和完备严明的法制。尽管秦国的青铜兵器，较之楚、燕大量使用铁兵器而相形逊色；尽管列国的将相贤材、政客辩士，也在政治舞台上展现了夺目风采；但在法制建设上，列国无法望秦之项背。

战国列国林立，又是一个生机勃勃的时代：耕地广辟而人口剧增,处士横议而百家争鸣,经济和文明空前繁荣。这些果实由秦人来收割了。一座座城邑被攻陷,一个个国家被兼并,秦式的集权官僚体制也随秦兵的矫健脚步,而加之于九州四海。大一统官僚帝国时代来临了。

二 "海内为郡县,法令由一统"

统一之后秦始皇决意"尺土不封",废分封而立郡县。正像李斯等大臣所言:"昔者五帝地方千里,其外侯服夷服诸侯或朝或否,天子不能制。今陛下兴义兵,诛残贼,平定天下,海内为郡县,法令由一统,自上古以来未尝有,五帝所不及!""溥天之下,莫非王土;率土之滨,莫非王臣"的古老理想,终于化为"海内为郡县,法令由一统"的现实了。这确实是"自上古以来未尝有,五帝所不及"的。

当然,国破家亡的六国臣民,不会马上就对秦廷表达臣服归属之感,他们敌视这个"虎狼之国"的铁腕统治,心底埋藏着"始皇帝死而地分"的故国之思。秦末大起义中,六国旧贵族纷纷恢复国号与王号,显示了列国格局的传统影响。随后项羽又分封了十八诸侯王。分封虽与大一统背道而驰,却非项羽个人所能左右,而是历史的必经曲折。同时项羽的分封,既不以列国的旧主与旧土为据,所封也非项王的亲族姻戚,而是按各起义将领的实力和战功来分封——时代毕竟是变化了。

汉高祖刘邦最初对制御天下颇感力不从心,还有人提出,秦"内亡骨肉本根之辅,外亡尺土藩翼之卫",其二世而亡是废分封造成的。

图三 "海内皆臣 岁登成孰 道毋饥人"小篆字砖

所以刘邦在剪除异姓王的同时,又"尊王子弟大启九国",分封了九位同姓王。这些王国地域辽阔,"分天下半",诸王自征租赋、自铸货币、自行纪年,甚至"自为法令,拟于天子"。当时的人形容为"一胫之大几如腰,一指之大几如股"。这时的王朝在形式上是统一的,实际却大有各自为政的味道。汉景帝三年(前154),吴王刘濞联合诸国悍然起兵发难,是为"七国之乱"。中央集权面临严峻考验。

"七国之乱"数月即被平定,汉武帝又采取了一系列强硬措施去压抑藩国,显示中央集权毕竟是时代趋势。对关东的征发徭役、用兵平乱、发布法令、派遣官吏等活动,以及各地日益频繁的经济文化交往,都在无形中强化着朝廷与地方的一体性。此后"分封"大致只是一种对宗室与功臣的优遇,但一般不构成割据分权因素;封国下降为郡县制的附庸了,王侯"衣食租税而已",封土而不临民。胡宝国先生曾指出,西汉前期史家称说籍贯时,还照老习惯使用着"齐人""鲁人""楚人"的说法,后来就逐渐改口为"某郡某县某乡某里人"了。郡县,才是臣民安身立命的基本单位。

秦朝人口约有4000万,然经秦朝酷政和秦末战火,到汉初只剩下1500万至1800万了。休养生息中,编户数量在逐步回升。汉武帝用兵四夷,版图几乎扩大了一倍;西汉末年,编户已近6000万口了。这是秦汉王朝的最盛之时。

广袤疆土和众多子民,是通过一百多个郡国加以管理的。这时的中央政府直接面对一百多个郡国,比后世的地方行政层次简洁得多。章太炎先生评论说:"太守与天子剖符,而下得刑赏辟除;一郡之吏,无虑千人,皆承流修职;故举事易而循吏多。"郡之长官称"太守",下面有郡丞给他做副手;另有都尉掌兵,自有一府。郡府分设诸曹,各有掾史。县级的行政单位,西汉约有1587个,东汉约有1180个。万户以上的县,长官称"令";万户以下的县,长官称"长"。郡县诸曹的名称,跟中央三公府中的诸曹相近,但中央诸曹对郡县诸曹并无明显的对口指挥关系。汉人往往拿郡守跟古代的诸侯相比,是有道理的。秦汉的郡仍是单元式的地方行政单位,郡守就是一郡之主,集财政、司法、监察、军政及选官权力于一身。历史早期的地方控制,往往采用"一人主一方"的简单办法;而后代的地方行政体制,民政、司法、军政等权力各有所主,呈分枝结构,就精致得多了。汉宣帝把郡太守说成是"吏民之本",老百姓能否安居乐业,就靠郡守二千石了。由此,郡国成为地方行政的重心所在。

西汉成帝时,东海郡有民139.4万,员吏约2203人,吏民的比例约为1∶633。西汉末全国在籍人口近6000万,员吏约12万余,吏民比例约1∶500。若以官民比太大来判断秦汉政府难以实现真正的中央集权,那还是过于武断了。因为,郡府县廷中除在编员吏外,还有大量长官自行招聘的编制外的非员吏,其数量经常超过员吏数倍。进而县以下有乡、亭、里等,其下还有什伍。"亭"是行旅所宿处,又是驿站和乡官的治所,设有亭长。亭长有保障治安的责任,有点像今天的派出所所长,刘邦就曾干过这个差使。里则有里正、里典。也就是说,还有大量无秩但为官府承担行政职责的人,他们虽不在"员吏"概念之内,但也是帝国金字塔的基石。有些学者认为,中国的官儿太少,所以皇帝的统治只能达到县一级,其下就是社区自治了,此说法恐怕昧于史实。

在居民的"什伍"编制中,实行告奸、连坐的办法,一家有罪则整个什伍都受株连。秦朝的居民到了17岁就得"傅籍",即登记户口。在秦朝时不时还能看到以身高定年龄的做法,例如用"五尺""七尺"来划分年龄段,那时候官府还难以确切掌握居民年龄,就只好看个头高矮了。汉代的户籍上记载着居民的爵位、房屋、妻子、奴婢、畜产等等。每年八月,地方官都要案比户口、编制户籍,所谓"八月算民"。通过郡县、乡里和户籍以及连坐、告奸等制度,千万小农被纳入了政府的紧密控制之下了,变成了赋役的可靠来源。秦始皇、汉武帝南定夷越、北击匈奴时所动员的巨大兵力和浩大财力,就是以编户齐民体制为基础的。

若把郡县乡里系统比作"条条",那么西汉也存在着"块块"的系统。西汉于产盐之地,设有遍及28个郡国的35处盐官;于出铁之处,设有遍及40郡国的48处铁官;有国营手工业的地方设工官、服官,有

图四　画像石中的汉代小农

水池及鱼利者设水官。它们都属中央派出机构,归中央的大司农、少府或水衡都尉直辖。汉武帝实行均输、平准之法,在各地设置均输官,负责辗转发卖各地的贡物以营利,直属大司农。王莽变法时,在长安及洛阳、邯郸、临淄、宛、成都设置了五均司市师,以管理市场、买卖货物、平抑物价。这种统制性的财政政策,在东汉开始退缩,盐铁官转属郡国,均输之事废罢;大司农下属仍有平准令,但其职责仅仅是"掌知物价",已不事商业经营了。

为强化中央对地方的监察,汉武帝分天下为豫、冀、兖、徐、青、荆、扬、益、凉、并、幽、交州及朔方等13州部,各置刺史,秩六百石。刺史的职责是以六条问事。六条之中,有一条针对地方强宗豪右,其余五条针对郡守二千石,监察他们是否存在着不奉诏书、不恤疑狱、选署不平、子弟恃怙荣势、违公下比等行为。藩国也是刺史的重点防禁对象。

顾炎武对刺史制度大加赞扬:"夫秩卑而命之尊,官小而权之重,此小大相制、内外相维之意也。"汉武帝还设置了司隶校尉,督察京师,并纠察皇太子、三公以下及旁州郡国。东汉称洛阳为司隶,相当于一州,朔方合于并州,州部的数目变成了 13 个。

西汉后期,刺史逐渐有了固定的治所和下属。东汉中期后,往往以刺史统兵镇压各地起事者。战争爆发时,往往需要大范围地统筹军政,这时刺史就成了人选之一。这样一来,州部的权力就继续增大了。汉灵帝进而把一批要州刺史之职改为州牧,秩二千石;若以宗室或九卿担任,则为中二千石。由此,州牧逐渐变成了郡守国相的上司,郡县两级制开始向州郡县三级制过渡。在汉魏之交,州牧、郡守割据一方的情况相当突出。这与单元式地方行政体制下地方官权力过大有着密切关系。相比之下,历史后期的地方行政权力被分解开来,就大大消解了地方行政单位的割据潜力。

三 皇帝—官僚统治阶级

西周春秋时天子称"王",到了战国,列国君主纷纷也称"王"了,甚至一度有称"帝"的尝试。公元前 288 年,秦昭襄王约合齐湣王,二人各称"西帝""东帝"。嬴政自以为"德高三皇,功过五帝",采三皇五帝之名而成"皇帝"之号。"皇帝"之号今天人们耳熟能详了,当时却是个很新鲜的词儿。

秦始皇建立了一系列尊君卑臣的制度。皇帝命为制,令为诏,自称曰朕,臣民称之曰陛下,车马衣服器械百物曰乘舆。甚至皇帝的死,

图五　山东滨州秦台秦始皇铜像

都必须使用与众不同的说法,如大行、殂落、晏驾、山陵崩等等。臣吏向皇帝上书,则使用"愚憨""粪土""草莽"等等自称,使用"昧死言"或"顿首死罪上尚书"及"诚惶诚恐、顿首顿首、死罪死罪上尚书"之类语词,以显示皇帝的至高无上和臣下的卑微可怜。刘邦及其战友本是一群草莽英雄,但有个儒生叔孙通为汉廷定朝仪,刘邦于长乐宫试行其礼,其时百官毕恭毕敬,没有敢欢哗失礼的,这便给了刘邦一个从没品尝过的惊喜:"吾乃今日知为皇帝之贵也!"暴发户的得意跃然纸上。

与各个古代帝国相似,帝国的一切荣耀,都归于皇帝。其大功大德被铭诸金石:"功盖五帝,泽及牛马;莫不受德,各安其宇……"御用的艺术家们献上了最美好的颂歌:"承容之常,承帝之明;下民安乐,受福无疆……"生存、收获、安定,甚至牛羊草木的生长,都被认为是皇帝的伟大英明所致。这就养成了两千年的思维定式,以致今天的电视历史剧,仍把一切繁荣和进步都归功于"大帝"们的正确领导。其实我们知道,"自然的经济增长"会自然地使大多数人受益;得把自然增长的部分扣除了,才谈得到政府的作用;得把政府的义务扣除了,才谈得到政府的功劳。在中国古代小农经济下,只要朝廷不过分榨取、扰民,人口和财富就会自然地快速增加。中华民族自是勤劳智慧的,他们的生生不息,岂是皇帝所赐?(依葛剑雄先生推算,照西汉 7‰的人口年平均增长率,到公元 75 年人口就应突破一亿了;之所以未能达到,是天灾,更是人祸之故。)当然也可以认为,人民是以赋役的代价来换取朝廷的公共管理产品的;可其间并不是平等交易,皇帝和官府是以昂贵的垄断价格强买强卖的,而且其所提供的经常是劣质品。可是话语权总在强者手中,臣民当久了,就会以为自己真是皇帝养活的。

皇帝自称"受命于天",利用"君权神授说"来自我神化。秦始皇"推终始五德之传",自认为"方今水德之始",以此改正朔服色度数,更名黄河曰"德水";甚至把"刚毅戾深,事皆决于法,刻削毋仁恩和义"的政治原则,也说成是"合五德之数"的。但"法律神授"的观念在中国古代却没有出现。在这里,"前主所是著为律,后主所是疏为令",皇帝的意志就是法律的渊源。立法、司法、军权、财权等大权,皇帝一手抓。秦始皇事必躬亲,"天下之事无小大皆决于上",每天批阅公文有定额,不达定额不休息。后代的皇帝,像秦始皇那么勤政的还真不算多,可秦始皇"亟役万民",也造成了"天下苦秦"的局面。

皇位之继承,嫡长子继承制被认为最为合理。汉文帝时有司请求早立太子,汉文帝起初还装腔作势,说能不能"博求天下贤圣有德之人而嬗天下焉"。但有司据"理"力争,申明"立嗣必子"乃是"天下之大义"。汉文帝不再推辞,以刘启为太子。"家天下"就不能"贤者为帝"。"贤"无定准,如果几个儿子都认为自己"贤",非咬起来不可,还不如立子以嫡不以长,立嫡以长不以贤,以避免皇位纷争呢。不过按儒家思想,皇帝理应是,但却不必然是圣人或贤者,皇帝不是神,完全有可能出现昏君甚至暴君,所以应在储君时就对其进行道德教育,以保证未来皇帝的贤明。于是,汉廷为太子设师傅。在昭帝、宣帝后,太子太傅、少傅往往选任硕儒名士。太子宫中的官职设置,是与朝官相比拟的,宛如一个具体而微的小朝廷。比如太子率更令,职比光禄勋;太子家令,职比大司农、少府;太子仆,职比太仆,太子门大夫,职比中郎将;太子中庶子、庶子、洗马、舍人等侍从之官,职比侍中、郎中。太子侍从往往用官贵子弟或名士担任,由于他们跟太子亲近,未来仕途是很光明的。

被臣民热情讴歌的皇帝,其实是臣民的最大役使者和剥削者。唐人《阿房宫赋》有这样惊心动魄的句子:"秦爱纷奢,人亦恋其家!"大家都是人,都想过好日子,然而谁能跟皇帝相比呢!他拥有雄伟的宫殿、巨大的陵寝和繁多的祠庙。秦始皇帝为了修骊山墓、阿房宫等,曾动员了数十万上百万的劳动力,以致"男子力耕不足粮饷,女子纺绩不足衣服,竭天下之资财以奉其政"。西汉元帝时,掌管国家财政的大司农藏钱 40 万万,而属皇室财政的少府藏钱 18 万万、水衡都尉藏钱 25 万万,后两者合计 43 万万,多于大司农。皇家的"私奉养",竟如此巨大。皇族子弟照例是要封王封侯的,公主、后妃则有"汤沐邑",他们在封国、封邑中享受着"山川园池市井租税之入",征收渔税、盐税、铁税、商税等。西汉哀帝时,有人建议限田限奴婢,诸王占有奴婢不要超过200人,列侯、公主100人,吏民30人。这个建议,恰好显示了不同社会等级的特权之差。东汉明帝在分封自己的儿子时,自以为不好跟先帝之子比肩,所以定制每年只给2千万。然而那依然是一笔巨款。按汉代一夫百亩年产150斛计算,再依东汉粮价折合为15000钱;那么2千万钱就相当于1333户农民的年收入。汉顺帝时的诸侯王国共20个,有户179万余,有口1090万余,竟占到了编户的四五分之一。

庞大的官吏队伍,是皇帝"家天下"的屏障、治天下的臂膀,他们的权益,皇帝不能忘在脑后。按东汉学者桓谭的记述,汉宣帝以来,朝廷每年赋敛40余万万,"吏俸用其半",国家赋税的一半用来养官儿。丞相月俸350斛,相当28家农民的全年收入之和;最低的佐史月俸就只有8斛了,丰薄相差43.75倍。除俸禄外,高官还经常得到巨额赏赐。东汉的腊赐,大将军、三公钱各20万,牛肉200斤,粳米200斛。低级吏员俸禄虽比较微薄,但他们可以贪污受贿,取之于民而用之于己,所谓"乡官部吏,职斯禄薄,车马衣服,一出于民,廉者取足,贪者充家"。酷吏杜周早年当廷史的时候,财产只有一匹马;后来官至三公,"家訾累数巨万矣!"官僚凭借权势巧取豪夺,强买田地奴婢,绝不是稀罕事儿。名相萧何,就曾在关中"贱强买民田宅数千万"。通过权势占有财富,"升官就能发财",是官僚帝国最突出的现象之一。

王朝依照官爵高下,向官员授予各种特权。例如六百石以上官吏,拥有免役权;二千石以上官吏拥有任子权,即任职三年后,可使子弟一人出仕为郎;六百石以上官吏,还拥有"先请"权,即犯罪后不能径直绳之以法,司法机关须先向皇帝请示,得到特批方能治罪。五大夫以上爵位及六百石以上的官吏,在有罪拘系而应加械具时,皆"颂系",即免其械具之苦。法家"不分亲疏,不别贵贱,一断于法"的政治理想,到了现实中就走了样。

西汉末年,宗室人口已繁衍到了 10 多万人,加上功臣、外戚约达 12 万,比汉初增加了 100 倍。西汉末的王朝吏员,自佐史到丞相有 12 万多人,连其家属估计有 100 多万人。二者合计,占总人口的 2%。此外还有边兵 20 余万人,再加上官贵的皂隶奴仆等等。有学者估计其时的非生产性人口占 5% 到 10% 左右,就是说每两三户劳动者,就要负担一位非生产性人口的消费。这个估计也许偏大了,但无论如何,皇族、贵族和官僚们是社会财富的最大消耗者。他们所凭借的官府,是社会之上的"巨无霸"。这是一个"政治优先"的社会,"官本位"的社会。

第二章 官僚行政体制的完善

从夏商周的王国到秦帝国,政治形态发生了重大转型。当然"断裂"之中也有"连续",早期国家已蕴含着浓厚的集权因素和官僚制化因素了,战国变法是其连续进化而累积出来的质变。假如把夏商周的王国比作中国国家的1.0版,秦以下历朝就是它的2.0版,其各项性能,全面升级换代。秦汉行政制度,与唐宋明清相比当然还很粗糙原始,但从同一时期的世界史范围看,它首屈一指。比起同期另一些政权,它为境内居民提供了较多的秩序和安定。帝制两千年的政治制度,在大多数时间中保持着其最基本的结构性特征,而秦汉王朝有垂范奠基之功。

当然,秦汉政制只是初创,在其四百多年中,这个体制依然经历着调适、变迁,甚至动荡摇摆。若把商鞅变法看成是一个起点的话,那么秦始皇统一中国后,就是又一个创制的高峰。入汉之后的变迁积累,在汉武帝又形成一个高峰。汉武帝曾说"朕不变更制度,后世无法",这是又一个"变更制度"的时期。据报道,2004年1月,长沙走马楼发现1万余枚汉武帝时的简牍,包含着大量行政司法文书;期待简牍的公布和研讨能够提供汉武帝"变更制度"的更多细节。两汉间发生了王莽改制,然而这并非制度的"自然"进化。东汉二百年间制度大致在平稳运行,只有局部的调整;到了汉末,其变迁节奏陡然加快了。

一　决策权力与执政资格

在帝制时代，政权与皇权经常是同义词，从理论上说，重大决策只能由皇帝定夺。然而皇帝又不可能以一人之心智决天下万机，所以有集思广益之功的"朝议"，被用作一种重要的决策方式。简单说，"朝议"就是先民主后集中，臣工献策而皇帝拍板儿。朝议资格和范围，可以反映出君臣间，以及各官署、各政治势力间的权势分配。汉代朝议的参与者，一般有丞相、诸卿、将军、列侯及大夫、博士、议郎等。丞相、诸卿分别是行政首长和各有专职的大臣，他们参与朝议理所当然。将军议政，可视作早期国家文武不分的政治残余；列侯议政，则显示了分封制与贵族制的历史影响——爵号是一种富有传统意味的身份标志。给大夫、博士、议郎以议政资格，则以一种特别的方式，为儒生提供了发言的管道。与后代高官皆出自科举士大夫的情况相比，这种管道多少有点"另类"色彩，就是说，是把儒生士人当成一种有异于行政官吏的特殊人物来对待的。

秦汉建立了宰相制度。"相"这个官称的本意是辅助。战国后期"相"逐渐变成了百官之长，形成丞相制度，尊之则称"相邦"，汉代为避刘邦之讳，又改称"相国"了。"宰相"在古代大多数时候不是正式官名，而是一位或数位执政首脑之称，哪些官职可以看成宰相，是因时而异的。按祝总斌先生的意见，同时拥有议政权及监督百官执行权者，就是宰相。

西汉前期，丞相位望甚隆，经常对皇帝直言不讳，甚至言所不当言。其原因有二。一是这时还处于历史前期,大臣们还保留着隆重的元老身份;二是汉初丞相来自功臣,他们是刘邦的助手、开国元勋。所以这时候君、相关系很不定型。曹参做丞相时奉行"清静无为"方针,无所事事,惠帝表示不满,而曹参不改初衷,直请"陛下垂拱,参等守职",意思是你皇帝一边看着就成了,就让我照着老规矩办吧。汉武帝初年,丞相田蚡甚为骄横,荐人做官起家就是二千石,以致汉武帝去质问他:你任命官儿还有完没完?我还想任命几位官员呢。但汉武帝时帝国走向全盛,其统治长达53年,几乎占了西汉历史的四分之一。一个强有力的君主,自不会容忍强有力的宰相。汉武帝以布衣出身的公孙弘为相,此人在朝无所援接,只能唯唯诺诺。此后皇帝对丞相颐指气使,公孙弘后的六位丞相,获罪自杀的二人,下狱处死的三人。做丞相的风险也太大了,弄得公孙贺拜相时,不受印绶而顿首涕泣,视为畏途。

皇帝是帝国主权的代表,而宰相是官僚行政的代表,二者互相依存,但也可能发生矛盾。相权之所以能构成一"权",是因为官僚机器是有其自身运作规则和行政自主性的。皇帝为所欲为就会破坏那些规则,自拆台脚。这就是"相权"的根据。好比你已雇了司机开车,就不好动不动就抢方向盘。汉初的相权比后世大多了,还没像后世那样被分割和弱化;但汉武帝的压制,已使之初步纳入"正轨"了。皇帝绝不允许相权大到分割皇权的程度,作威作福、予取予夺的只能是皇帝自己。丞相权力趋于低落的同时,中枢体制也开始变化、开始复杂化了,表现在侍从参与议政、尚书参与机密、权臣领尚书事、将军辅政或外戚辅政等制度之上。

汉武帝选拔了一批文学之士,通过给其加官侍中等方式,令其出入禁省、顾问应对并参与议政。宫中原有几位负责文书收发的小吏,称"尚书",员四人。汉武帝令其不仅传发书奏,而且还协助处理书奏。尚书遂可参与机密,操持机柄,甚至劾奏朝臣、参与选官了。若用宦官任其事,则称中书。汉元帝时,尚书已号称"百官之本,国家枢机"。尚书组织也在扩大:汉成帝时分五曹;加上尚书令、仆射及丞四人,共十一人。尚书机构的兴起显示,宫省近臣,具有膨胀为中枢机要机构的很大潜力。汉武帝临终前,又以外戚霍光为大司马大将军领尚书事,为内朝之主。这样,一个宫中决策的架构就凸显出来了,称"中朝"或"内朝",与丞相为首的"外朝"相制衡。在传统中国,当专制君主嫌政府首脑的权力碍手碍脚之时,就会开始冷落疏远他,并在身边另觅助手,例如委权于身边的机要秘书。

汉昭帝时大将军霍光秉政,领尚书事,车骑将军金日䃅、左将军上官桀副焉。由此将军参政成为常例了。后来的王凤、王音、王商、王根、王莽等,都是以大将军、骠骑将军、车骑将军或卫将军的身份辅政的。东汉的辅政大臣如窦宪、邓骘、梁冀、窦武、何进,无不是将军。按,春秋的晋国有三军将佐兼为执政六卿的制度,战国君主在命将出征之礼上有言:"阃以内寡人制之,阃以外将军制之。军功爵赏,皆决于外,归而奏之。"这时候的将军权势,显然是比较大的。大将军霍光曾对丞相车千秋称"今光治内,君侯治外",是军官之长居内(内朝),足制外朝文官之长。将军之隆、军权之重,表明历史早期的文官政治还不够发达。

引人注目的还有外戚辅政,这是汉家的政治特色。其时去古未远,"家天下"色彩仍很浓厚。汉初的外戚,是被看成宗室的。此后太后对宫廷和朝廷,也经常拥有重大影响力。吕后势力覆灭后,大臣们选择新君,齐王、淮南王都以"外家恶""母家恶"而不得选,代王刘恒则以"太后家薄氏谨良"而得立。文帝即位,"帝舅薄昭为将军,尊重"。皇族成员有可能问鼎帝位、取"今上"而代之,难免为皇帝所猜忌;西汉前期曾有的藩国作乱和"削藩"之事,压制宗王便成汉廷的传统国策。然而皇帝顾此失彼,引用外戚来强化皇权,却为外戚擅权开了方便之门。西汉后期后族王氏坐大,结果招致王莽篡汉。外戚的辅政权力,往往也是通过辅政将军的形式实现的。

西汉后期丞相制度,又向三公制过渡。从汉成帝到汉哀帝间,丞相制被罢废,代之以大司马、大司徒、大司空的三公制。改制的理由,据说是宰相一人难以独任三公之事,其结果却是削弱了相权。丞相一人之下、万人之上的独尊地位,被三人的平起平坐所取代。改行三公之制的时候,君主未必有削弱相权的明确意图,但专制之下不利于君权的变动很难推行,相反方向的变动却总是如水之趋下,在下意识中就自然而然发生了。

东汉三公,是太尉、司徒、司空。从议政权和监督百官执行权看,三公仍是宰相;同时尚书台继续扶摇直上,以致时人有"虽置三公,事归台阁","选举诛赏,一由尚书,尚书见任重于三公"的评论。尚书台长官尚书令的秩级虽然只有千石,可三公的选举考课官吏之权,刑狱诛赏之权,弹劾大臣之权,却被其分割了。光武帝定制,朝会之时,尚书令与御史中丞、司隶校尉三官可以专席而坐,京师号曰"三独坐"。东汉以太尉,更多的是以太傅"录尚书事"。太傅位为"上公",在三公、大将军之上,往往是元老名臣,权望皆重。这时的中枢权力格局,比秦与汉初又复杂多了。

外戚居将军而辅政专权,在东汉仍是突出现象。东汉政治的一个特点,就是"皇统屡绝,权归女主",皇太后"委事父兄"。汉和帝以后的皇帝往往幼年即位,母后临朝时为一己权势计,就引用父兄掌权。窦、邓、阎、梁、何诸家外戚,都是如此。邓氏贵宠,封侯者达29人,三公1人,大将军以下13人,中二千石14人,列校22人,牧守48人。梁氏掌权时,其家族所出列侯、后妃、大将军及卿、将、尹、校成群接踵。大将军梁冀气焰熏天,"入朝不趋,谒赞不名,礼仪比萧何。……每朝会与三公绝席,十日一入平尚书事,宣布天下,为万世法"。这刘家的天下实际是梁家来消受了。

外戚的煊赫反而威胁到了皇帝个人权势,皇帝便求助于宦官。宦官这号人在周朝就有了。秦朝有宦官赵高,曾为二世胡亥师,后得干政。汉武帝以宦者主中书,到汉元帝时宦官弘恭、石显以中书之职弄权。东汉中期始,深宫中的皇帝开始借宦官以抗外戚:汉和帝与宦

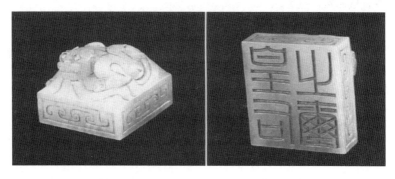

图六　长陵发现的皇后之玺

官郑众谋废窦氏,汉安帝与宦官李闰、江京谋废邓氏,汉桓帝与唐衡等谋废梁氏,如出一辙。这样,宦官们得以封侯擅政,并在桓、灵时达到鼎盛,"手握王爵,口含天宪",其党羽布列朝廷州郡,贪污纳贿,无恶不作。汉家的天下,又成皇帝和宦官共有之天下了。宦官、外戚专政并不说明皇权衰落,还是看成皇权的旁落为好。因为,宦官、外戚终归要依附于皇权而存在,是由皇帝专制滋生出来的。东晋南朝皇权衰落,外戚和宦官便同时消沉下去了,因为低落的皇权滋生不出外戚、宦官专权的现象。但宦官和外戚也有不同。外戚专政,较多反映了早期政治的"家天下"特性,在帝制后期就越来越淡化了;而宦官专权则纯粹是君主专制的产物,所以在后世往往而有之,甚至变本加厉,例如唐,例如明。

秦汉的一人之下、百官之上的丞相,到西汉末一分为三,变成三公,进而又有大将军辅政分其权,太傅录尚书事夺其势,宦官擅权于内。其间的制度变迁和权力结构变化,就是皇权、相权以及文官、士人、军人、外戚、宦官等等势力所交错推动的。

二　行政组织的进化

在秦与西汉前期,中央行政架构以丞相、御史大夫和诸卿为主体。汉初丞相府设有长史2人,其下吏员有东、西曹之分。东曹9人,出督州为刺史;西曹6人在府内办事。御史大夫是丞相之副,与相府合称"二府"或"两府"。此官又有考课、监察和弹劾百官之权,为监察之官。御史最初是掌管文书法令的,所以皇帝诏书先下御史大夫,然后才达于丞相。御史45人,有30人归御史大夫直辖,另有15人归御史中丞统领,居宫禁之中(殿中兰台),又称"中执法"。西汉后期御史大夫改大司空,成了三公之一,主水土,不再是监察之职了,遂另以御史中丞为御史台主。

列卿是各种具体政务的承担者,有"掌宗庙礼仪"的奉常,"掌宫殿掖门户"的郎中令,"掌宫门卫屯兵"的卫尉,"掌舆马"的太仆,"掌刑辟"的廷尉,"掌诸归义蛮夷"的典客,"掌亲属"即管理皇亲国戚的宗正,掌管"谷货"的治粟内史,"掌山海池泽之税"的少府,"掌徼循京师"的中尉。以上十卿的官秩都是中二千石,虽号"九卿",其实不止九位。列卿的结构,看上去不乏原始色彩。钱穆先生指出他们"均近于为王室之家务官,乃皇帝之私臣",此时政府"有几处亦只是一个家庭规模之扩大"。太仆是给皇帝驾车、管车马的,宗正是管皇族的,少府是宫廷的总管;又如郎中令、卫尉、中尉等都是卫戍之官,其实也有君主私属性质,等于是给皇室看家护院的;然而当时它们都在朝廷大臣之列,跟后世不大一样。还可以指出,历史初期官职分工尚不严格一点,还体现在派列卿外出打仗一类现象之上。

然而秦汉政府毕竟已具规模了。中二千石诸卿为一层级;其下诸署令长是又一层级,称令则秩级千石、六百石,称长则四百石。奉常的属官有太乐令、太祝令、太宰令、太史令、太卜令、太医令;治粟内史的属官有太仓令、均输令、平准令、都内令、籍田令,及斡官长、铁市长。这种诸卿、诸令长的科层结构,分工明确而层次清晰。Bureaucracy一语一般译为"官僚制",但有时也译为"科层制"。因为官僚组织的重要特点之一,就是"分科"与"分层"。

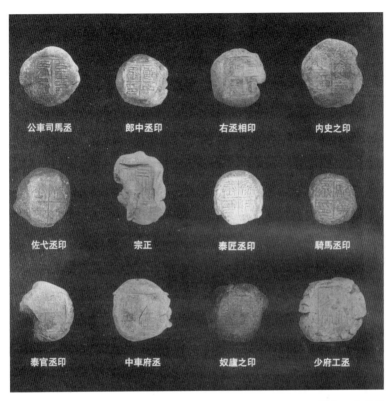

图七　秦封泥

汉武帝时丞相府中又置司直,掌"举不法"。丞相府的吏员增加到了362人,下有东曹、西曹、奏曹、集曹、议曹、侍曹等。这些曹名,是以方位(东、西)和工作方式(奏、集、议、侍等)命名的,但未能清晰显示职务的性质。东汉的三公府就不一样了。太尉、司徒与司空,一掌军政,一掌民政,一掌土木工程。太尉府设有西曹、东曹、户曹、奏曹、辞曹、法曹、尉曹、贼曹、决曹、兵曹、金曹、仓曹等12曹,以职掌命名的曹明显增多。司徒和司空府也各有十几曹。三公及其诸曹的分科,比昔日相府诸曹的分科有所进步；列卿体制未能充分摆脱君主家臣的色彩，公府诸曹的设置则合理多了，至少没把驾车的人也算成一曹，像太仆那样。

但相对而言，公府诸曹体制仍有缺陷，例如三府多少还有重复设曹的情况；而且，诸曹掾属系三公自辟（即自行任命），长官与吏员的关系有一定的"委质""君臣"意味，即私属意味。结构上的更大进步，生发于尚书机构之中。东汉光武帝时尚书台分六曹，大约是吏曹、二千石曹、民曹、南主客及北主客曹、三公曹，分掌选举、郡国二千石事、主庶民上书、外国四夷及断狱。东汉中后期又有调整。诸曹尚书之下，又有尚书郎 36 人。东汉的尚书郎如何分曹，现在仍不大清楚。到了三国魏明帝的时候，六曹尚书各有分工，23 位尚书郎是一郎一曹，又构成了 23 曹，等于是尚书六曹之下的科处。祝总斌先生指出，尚书诸曹的名称，最初是按上奏文书者的身份来分工的，东汉中后期转以任务性质分工了，这就是一个进步。而且尚书、尚书郎都由大臣提名、吏部任命，非尚书令所能自决。所以尚书台中的长官与僚属关系，跟三公府又不一样，私属性质淡化了。还有一点也不是无足轻重：三公官居百官之首，又地处外朝；尚书令不过千石，仆射、尚书六百石，其名位远不如三公隆重，又地处宫中，更便于君主的驾驭操纵。

比起列卿体制和公府诸曹体制，尚书诸曹体制之所以更具发展潜力，一是行政合理化需要的推动，二是君主专制集权需要的推动。所以国务和事权日益向尚书台集中，三公府的诸曹则逐渐闲散化了。魏晋以来，三公府的职能意义不断下降，尚书机构却发展迅速，最终成为国务的中心，并在隋唐之际发展为吏、户、礼、兵、刑、工六部体制，九卿机构转而从属于尚书六部了,并一直被沿用到明清。

三 军政与边防

强大的武装力量,是帝国安全和中央集权的保障。原始部族时代是全民皆兵的,本族的成年男子都有义务执干戈而卫社稷。秦汉还处于历史早期,全民皆兵的传统影响还在,所以常备兵的数量并不很大,兵员主要来自征发,兵役同徭役是结合在一起的。当然在战事频繁、兵员不敷之时,朝廷也采用募兵的办法。

汉朝把各郡分为两类:边郡和内郡。内郡的男子满23岁就得担任"正卒",包括两年的兵役:在本郡当兵一年,兵种有材官(步兵)、骑士(骑兵)、楼船(水兵)、轻车(车兵)等等,每年八月郡守、都尉对之进行"都试",即集训检阅;此外,是在京师担任卫士一年,或在边郡担任戍卒一年。在中央服役的卫士,或归卫尉统帅,保卫宫城;或归中尉统帅,保卫京师。中尉后来改称为执金吾。还有保卫关中各处庙寝园陵的。一年的辛苦结束,该罢遣回乡时,朝廷会为卫士置酒作乐。至于边郡居民,要承担本地的边防和屯垦,军事义务比内郡重多了。汉帝国的最大威胁来自北疆,所以在北疆建立了严密的边防系统,经常有大量戍卒轮番到此服役。今天西北的旷野沙尘中,仍能看到当年候戍烽燧的遗迹,令人遥想"秦时明月汉时关"的严峻风光。

除了番上的卫士之外,京师地区也驻有常备军。汉武帝设羽林军、期门军,其将士大多来自关西六郡,其地民风剽悍,所以有"山东出相,山西出将"之谣。汉武帝又设中垒、屯骑、步兵、越骑、长水、胡骑、射声、虎贲八校尉,每军兵力千人左右。此外还有承担宫廷宿卫的郎官,数百人至两三千人不定。郎卫制与选官制是相结合的,郎官同时又是官员候选人。总的来说,京师的兵力保持在数万人左右,这个数字并不很大。可见汉廷的军事征发体制相当有效,足以即时提供所需兵员,不需大量常备军。这跟某些王朝把军力重点配置在首都的情况,以及像北宋养兵曾达一百三四十万人的情况,形成了鲜明对比。

秦在少数民族聚居之处实行"一国两制",设置"属邦"。汉称"属国",其级别相当于郡,各有属国都尉。汉武帝时因大批匈奴部众来归,就在西北诸郡设置了五属国。中央专管属国的官员称为"典属国"。苏武曾出使匈奴,归国后由于熟知边事,就被任命为典属国之职。此外"有蛮夷曰道","道"是设于少数族居地的县级单位。西部和西南部的新置之郡,其下就有很多道。西汉末年道约有 32 个。

属国和道主要针对业已臣属的少数族,至于对叛服无常,或处于边塞之外的少数族,朝廷多以都护、骑都尉、校尉、中郎将等官持节领护之。例如汉武帝在上谷、渔阳、右北平、辽西、辽东五郡安置了众多内迁的乌桓部众,同时设护乌桓校尉以监护之。东汉的护乌桓校尉驻地宁城(今河北宣化西北),监护辽东至朔方的十郡乌桓,又兼领鲜卑事务。为平定西域做出杰出贡献的班超,曾任西域都护达 11 年之久。

中央朝廷的军政首长有太尉和大将军。平定了"七国之乱"的功臣周亚夫,就曾经官居太尉。不过汉武帝废止了太尉。东汉太尉是三公之一,位当宰相,不是单纯的军职了。汉代的将军主要有两类,一类是战争时即时任命的,事毕则罢;一类是常设将军,以大将军居首,其次是骠骑将军、车骑将军、卫将军和前后左右将军。后一类将军有八号,又经常用作行政长官的兼职,以"将军"头衔"领尚书事",从而参与内朝机要事宜。以军职将军之号而参与行政,带有历史早期的传统影响,比如春秋晋国执政的六卿,就同时又是三军统帅。军官的政治地位,与历史后期的文官政治相比,还有很大的不同。

第三章　文法与文书

被称为"官僚制"的组织形式,其基本特点可以概括为三:采用分科分层的理性行政架构,严格遵循成文法律和充分利用文书档案,通过培训和选拔而任用专业吏员。简单说就是"分科分层""法规文档"和"选贤任能"。关于分科分层,前面已经说过了。下面看看秦汉帝国对法规文档的利用,以及专业吏员问题。秦与汉初政治,体现了"以法治天下"的精神,在官僚的选任上就是"以吏治天下"。"以法治天下",是就其不用儒术礼教而言的;"以吏治天下",则是就其不用儒生文士而言的。这跟后代以儒术为正统意识形态、注重礼教、任用士人的后代王朝,是大异其趣的。正如章太炎所论:秦制本于商鞅,秦之君臣"块然循于法律之中",跟后世的"繁文缛礼之政"很不一样。是在汉武帝独尊儒术之后,情况才逐渐发生了转变。曾有一些西方学者,看到科举士大夫是靠诗文八股选拔的,而诗文八股跟兵刑钱谷并没有直接关系,于是就认为中国缺乏"专家政治"。可他们却没能留意,在中华帝国初创之时,曾经有过"文吏政治"的情况,而所谓"文吏",几乎就是社会学家所定义的那种专业文官。下面就对秦汉的文吏体制、律令秩序和文书制度,做一个扼要的叙述。

一　刀笔吏治天下

"文吏"也称"文法吏","文法"指的是吏员们所具备的文书和法律的专业技能。也可以称"文史法律之吏","史"即"史书",这"史书"不是指历史著作,而是指吏员的公文书写。"史"本是运用文书的官员之特称。周朝已有了很多的称"史"之官,文献和铜器铭文中看得到大史、小史、内史、外史、眚史、中史、书史、刑史等一大堆称"史"之官。记录史事只是称"史"之官的一部分工作而已,他们的职能宽泛得多,如文书、档案、司法、财会、监察、礼仪等等,都在其工作范围之内。简言之,早期之"史"是"主书主法"之官:从事文书起草、图籍保存,以及法典的制作与运用。荀子曾论述过战国的"官人百吏";说他们遵循着"法则、度量、刑辟、图籍",维系着朝廷的"治法"。战国"官人百吏"的这些职能,跟周代的称"史"之官一脉相承。秦汉的文法吏,不妨认为,就是由早期的"史"发展而来的。

"内史"一官,在秦国一度有了"副丞相"的显赫地位。随后处于"副丞相"地位的变成了御史大夫,他手下有一群御史掌管文书法典。秦汉政府中有很多的称"史"之官,较高级的像御史、刺史、长史、内史、治粟内史;较低级的像曹史、令史、卒史、佐史、尉史、候史、士史、少史、仓史。仅仅"令史"一职就有很多种类:中央有尚书令史、御史令史,郡县诸曹有令史,都尉之下也有令史,还有县令史、候官令史、司马令史、千人令史、城令史、城仓令史、库令史、厩令史、别田令史、门令史等等,不一而足。汉武帝时的丞相府中,吏员有 362 名,其中称"史""少史"

"属史"的,多达262人,占到了七分之五。在各个官署里面,都看得到称"史"之官的忙碌身影。

"以吏治天下",某种意义上说也就是"以史治天下"的。战国秦汉间官僚政治的发展,伴随着称"史"之官的繁衍和扩张。古人对这一点比我们看得清楚,他们对"史"之职责的解释是"掌官书以赞治",对"官"的解释是"文书版图之处"。一群处理文书的官吏,一个配备了文书版图的处所,就构成了一个官署。在出土汉简中,看得到一种记录吏员资质的文书,其中照例有"能书、会计、治官民,颇知律令"这类语句。汉初的贾谊曾说"俗吏之所务,在于刀笔筐箧"。"刀笔"指文法,"筐箧"是装钱币用的,引申为税收财会:"能书""会计"及"知律令",就是文书、财会和法律的技能。具备这些技能,就是汉廷对吏员的基本要求了。图八:秦文吏俑,腰间挂有书刀和砥石。

荀子在讨论"官人百吏"的时候,还特别指出他们"不知其义,谨守其数"。这话的意思是说,"官人百吏"们不管大政、路线和道义问题,皇帝怎么说,文吏就怎么做。这倒也合乎现代文官规范,若每个文官都照自己信奉的"正义"去做,各行其是,政府就要乱套了。士人就不同了,他们有自己的政治理想,还要用那理想来评价皇帝的是是非非。专制者当然更乐意政由己出了,厌恶士人们说三道四。若士人的批评惹恼了他,不妨坑埋他们,烧他们的书。俯首听命的文法吏,才是富国强兵的得力工具呢。所以文法吏与士人儒生是很不相同的。

战国士人在政治舞台上的夺目风采,遮掩了文吏群体的黯淡身影;以致今人都有看走了眼的,很多著作叙述战国官僚制发展,都只谈到士人是新式官僚的来源。然而,从战国到汉初,官僚行政的主要承

图八　秦文吏俑，腰间挂有书刀和砥石

担者和集中代表者，首推文法吏，而非士人。"吏"群体的悄悄成长，到秦帝国就沙石澄清、尘埃落定了。秦汉王朝"以文吏治天下"，文法吏已是无可置疑的行政骨干了。正像古人说的，"秦任刀笔之吏"，这个朝廷上"狱吏得贵幸"。"刀笔"的"刀"是"书刀"，写错了字就用刀刮掉，其功能等于今天的橡皮或涂改液。从广义说，以刀笔文法服务于帝国的吏员，都属"文法吏"。专掌司法刑狱的"狱吏"，尤其集中地代表了"文吏政治"，代表了帝国法治，代表了君主的绝对专制。

汉初的天下，由功臣和文吏支撑着：打天下的功臣及其子弟们占据要津，具体政务则由文法吏们来承担。汉武帝转而"独尊儒术"，由此一来，公卿大臣"彬彬多文学之士"了。然而千万不要误以为从此官员都是儒生了。汉武帝时文吏依然活跃于时,甚至还出现了一批"酷吏"。像长于文法的张汤、赵禹,长于会计的桑弘羊、孔仅等,实权在握,他们都可以划入"文吏"的范畴。直到东汉前期,选官中仍有"郡国所举,类多辨职俗吏"的情况。当时郡国向中央推举的人才,大多是称职的文吏,以致王充感叹"世俗常高文吏,贱下儒生","儒者寂于空室,文吏哗于朝堂"。还有个叫尚敏的,也曾向皇帝抱怨朝堂上"俗吏繁炽,儒生寡少"。

秦汉所谓的"吏"的概念,跟后代是不完全一样的。宋明清的科举士大夫是"官",处流内九品之中,九品之外不入流的胥吏称"吏",而秦汉却是视官为"吏"的,从最卑微的佐史一直到丞相三公,都可称"吏"。我们觉得这里面大有深意。秦汉时,儒生文人兼为行政文官的体制正在萌生、还没定型,所以还没有严格的"官""吏"两分制度。按照现代官僚制理论,理性的行政应是专家政治,而秦汉政治就具有这种特点。以"文法"取人居官的做法,跟以儒术文辞取人,以儒生文人居官的"礼治"政治,具有不同的倾向性。对这个后面还要谈到。

二 律令秩序

孟德斯鸠曾说:"当一个民族有良好风俗的时候,法律就是简单的。"然而这话只有部分的正确性。法律繁简还与帝国的规模相关。即令风俗良好,维系一个庞大帝国的正常运转,各种法律规章仍必不可少。如此方能有效地规范行政秩序和官员行为,才能保证行政机器的精密运转,秦汉统治者对此有清晰的意识,他们把法律看成驾驭臣民、保障统治的命脉。

贵族政治时代曾经运用秘密法和习惯法,"议事以制,不为刑辟",遇到案件就由贵族官员们临时议决,说什么算什么,并不一板一眼地遵循法典。(当然判案还是不能偏离传统规矩的。)战国就不同了,各国纷纷制订成文法并将之公布,这样一来,官员若是贪赃枉法,老百姓多少就有了"据法而争"的机会了。毕竟,酷法胜于无法,而且"正义不仅应该得到贯彻,而且应该以人们看得见的方式来贯彻"。

李悝在魏国制订了一部《法经》。商鞅研读了这部法律著作,随后在秦国搞变法,《法经》也就成了秦汉法律之祖。商鞅制定了很多法律,还把"法"改称为"律",后代沿用之,以"律"这个字眼儿指称法律。秦始皇及秦二世都崇尚法治。人们这样形容:"秦法繁于秋荼,而网密于凝脂。"文献中看得到任人法、上计法、失期法、度量衡法、焚书令、挟书律、妄言令、诽谤法、非所宜言法等不下 30 多种秦法,20 世纪 70 年代云梦睡虎地秦墓中出土了大量秦律,又使人们对秦律的了解大为深化。睡虎地秦律所见律名不下 30 多种,而且那肯定还不是秦律的全部。从秦简中可以看到,偷采了别人不值一钱的桑叶,或把人脸咬伤方寸大小的小过错,都有相应的惩罚条文。法条的细密可谓不厌其烦。秦律的基本精神,就是要把行政各个细节、社会各个方面都纳入法律的调整范围,不让有危害的行为逃脱制裁。

汉初王朝在实行"与民休息"政策时,鉴于民众对秦政的憎恶,废除了秦律中若干过于苛刻的条文;但总的说来,汉法上承秦律而继续趋繁。汉初相国萧何作"九章律",同时还有韩信申军法,张苍定章程,叔孙通制礼仪的事件。近年江陵张家山汉墓出土的《奏谳书》《二年律令》,

图九　秦铁钳和铁铚。1973年陕西临潼郑庄秦石料加工场出土,铁钳长18厘米,铁铚长38厘米。

证明了到吕后二年为止的汉律,是与秦律一脉相承的,甚至计算钱币时以十一为倍数都与秦朝的做法类同。汉武帝时庶事繁杂,法令紧跟着迅速增殖。以"酷吏"著称的张汤、赵禹主持立法,律令达到了359章,大辟之罪409条、1882事,死罪决事比13472条。

汉代的死刑有枭首、腰斩和夷三族等。"三族"即父母、妻子和兄弟。死刑之下是劳役刑,有一岁、二岁、三岁、四岁、五岁的等级之分。以劳役为刑,或令罪犯服苦役,有其悠久传统。《周礼》云:"墨者使守门,劓者使守官,宫者使守内,刖者使守囿,髡者使守积。"各种受刑者各有所务,人尽其才。秦汉帝国的刑徒,构成了一支浩浩荡荡的劳动大军,显示早期帝国的直接人身支配,是非常强大的。墨、劓、剕、宫都是残害身体之刑,称"肉刑";再加上大辟(死刑),在周朝合称"五刑"。华夏人文精神的累积,在西汉孕育出了一次重大刑法改革:汉文帝下诏废肉刑，改用笞杖。这使较残酷的上古刑法，向较人道的中古刑法进化了，应予赞扬。

冒犯和侵害皇帝属"大逆不道"。若是犯了"谋反"罪，就必须给予包括"夷三族"在内的最重处罚。伟大的史学家司马迁为李陵辩护，被朝廷横加"诬上"之罪，处以宫刑。这个遭遇让司马迁刻骨铭心。压制藩国的"酎金律""左官律""事国人过律""阿党附益之法"，则有维护中央集权之功。律令中还有大量条文用以保证行政秩序，惩戒违法官吏。"废格诏令"即不执行诏令，属弃市之罪；长官对下属的罪错若"见知故纵"，则与之同罪，但"其不见不知，不坐也"。又如"漏泄省中语""探刺尚书事"的泄密行为，要给予相应的惩罚。

任何法律都要维护那个社会的主流伦理道德，秦汉法律概莫能外。汉律有"禽兽行"罪，即乱伦罪。汉宣帝时有三个男子同娶了一位女子，生了四个孩子，还为分孩子打起了官司。结果被廷尉断为"禽兽行"，三个男子都被处死。汉律对老幼的量刑有所减免，八岁以下和八十岁以上的人，除非亲手杀人，其余罪过都免予惩处，以示"矜老怜幼"。汉律规定"一人有数罪，以重者论之"，就是在一人犯下几项罪行、须数罪并罚之时，采用重罪吸收轻罪的办法，仅按最重的一罪量刑，轻罪不论。这个规定轻于中国现行刑法。

汉代的司法层次，乡中有啬夫以调处之，但不能算一个审级。县令算是一级，郡守算是一级，疑难不决案件要上报中央的廷尉寺，廷尉相当于最高法院，负责处理诏狱，即皇帝下令审理的案件，也对地方呈送的疑案加以裁决。此外，御史台负责监察，对有罪的官员提起公诉，近于今天的检察院。

秦汉王朝很重视法令的宣传与普及。君主诏书往往有"布告天下,使明知之"的明确要求。王朝的普法措施,一是由官吏负责向民众宣讲诏书,二是公布诏书供民众阅读,比如把诏书的简册悬挂在市里乡亭的人流往来之处。主张"愚民"政策的法家,同时又特别强调普法,因为吏民对法律法令的了解是贯彻法制的基础。

民法与刑法的区分,公法与私法的界限,在传统中国比较模糊。所以,学者把"诸法合体、民刑不分"作为中华法系的主要特征。民法是以公民之间的对等关系为基础的,公法则立足于国家对公民的不对等关系。"民刑不分"体现了一种国家主义的法律观念。古人有言"法,刑也",法律经常被等同于刑法。在法家看来,"法"就是统治手段。对民事诉讼往往也施用刑罚,因为"犯罪对象"虽然是个人,但"犯罪客体"被认为包括国家秩序在内。打个比方,对赖婚、赖账之类民事纠纷,皇帝大约是这么看的:现在老子统治天下,你还敢赖婚、赖账,就是给我皇帝添事儿,给我皇帝捣乱!

昂格尔认为,中国法与西方、与现代法治的不同处,就在于它属于"官僚制的法"。中华帝国的立法精神,是把维护皇帝专制、中央集权和保障官僚政治,作为基本出发点的。秦律和汉律并不只是刑律,它包括大量的行政规章,兵刑钱谷、考课铨选无所不及。农业管理有田律,市场管理有关市律,货币及财务有金布律,畜牧有厩苑律等等。其篇章之多、律条之细,充分显示了帝国行政的法制化程度。学者把"律令体制"视作大唐王朝的政治特色,其实在秦汉帝国,就已确立了类似的"律令秩序"了。

尽量把行政行为和社会行为规范化的努力,也会造成法规的无限度增殖。繁文缛节,本来就是官僚行政的内在倾向。汉宣帝时,律令繁衍到了960卷、百余万言。时人感叹说:"律令尘蠹于栈阁,吏不能遍睹,而况于愚民乎!"小农经济下的技术和文化条件,承受不了上层建筑中律令科比的畸形膨胀,就连统治者也感到行政成本太大了,有了若干次"议省刑律"之举。然而法律趋繁的倾向,不是几次删减条文就改变得了的。到东汉后期,律令科比的本文,加上学者们的法律注释,判案所当用的法律文献累积到了773万余言之多!或说中国古代实行"人治",那不全正确:既存在着山积的法律,它们是被精心制定的,但它们又没法条条落实、一一兑现,这才是传统中国的法制实情。由此造成了中国人的一种传统心理:法律不过就是那么回事儿,别当真。当然死抠条文、一丝不苟的方面,也是有的,而且是制度所要求的,如秦汉官文书中"如诏书""如律令"之类语词的反复出现所显示的那样。就算是舞文弄法、深文周纳,也得在法规之内上下其手。"不当真"和"如律令"看上去是矛盾的,其实不矛盾,官场就是如此,"官僚制的法"就是如此。社会学家韦伯把中国法律归入伊斯兰教法的"卡迪司法"一类,过玄过偏了,远不如昂格尔的"官僚制的法"简明锐利。中国传统司法的诸多特点,都不能在无视官僚政治的情况下求解。顺便说,韦伯对中国制度也有若干变形走样的论述,至少低估了其合理化水平。

秦汉"律"的概念与后世不大相同,"律"中包含着大量行政法令,"律""令"二者没有性质上的区别,只不过"律"更稳定、更郑重而已。"令"中也有刑法的内容,"律"中也有行政制度,二者内容交叉。这种"律令不分"的情况,在后代就发生了变化。魏晋以下,"律"的内容开始集中于刑律,"令"则用于容纳行政法令。"律"与"令"的分化,是中国法制史上的一大进步。

三 "以文书御天下"

文书和档案的运用,使行政过程变得精密、规范和可靠了。先秦法家学者韩非早已看到了这一点,而有"先王寄理于竹帛"之说——字面上是说"先王",其实是说"今上"。战国变法使法典法规、文书图籍、档案簿记之类,变成了帝国行政的基石。秦始皇给自己定下了规矩,每天要阅读一定重量的文书,读不完宁可不睡觉。从云梦睡虎地秦律中可以看到,秦国的公文书制度是相当严密的,对公文如何传发,使用何种书写材料,文书如何封缄,都有细密规定。秦律中还有这样的条文:有事请示"必以书,毋口请,毋羁请"。就是说,请示必须写成文书,不能空口无凭,也不能托人转达("羁请")。由秦简我们还知道,官署存放文书的地方叫"书府",安排有专人看守。

刘邦攻入咸阳后,将领们争着去抢金帛财物,唯萧何不同凡响,他先去把丞相府和御史府的律令图书给接收了。这可不是个爱财还是爱书的小事情。此后项羽西屠咸阳、烧秦宫室、"所过无不残灭",秦朝中央政府的那批文书已入汉手、得到妥善保存了,没毁。汉代的史学家评论道:为什么刘邦对天下要塞、户口和民情了如指掌呢?就因为萧何弄到的那批文书。在"汉承秦制"上,那批文书有承前启后之功。东汉王充说:"萧何入秦,收拾文书,汉所以能制九州者,文书之力也!(汉)以文书御下。"这"以文书御天下"的说法,跟韩非的"先王寄

图十　汉代石刻所见上计史

理于竹帛"异曲同工。经战国而入秦汉,无文书则不足以御天下了。

今犹可见的汉代简牍中,能看到形形色色的行政文书。尹湾汉简中,有西汉后期东海郡的《集簿》,即统计文书;还有《吏员簿》《名籍》《属吏设置簿》,是官吏的各种名册;还有《兵车器集簿》,是库房的物品账本。这些珍贵的第一手材料给学者的印象是,汉朝行政管理的水准,某些方面比过去估计的更高、更完备。

以皇帝名义发布的公文书,其体裁有"策",是用来封授褒奖的;有"制"和"诏",是用来发布政令的;还有"敕",这种文书具有告诫、督责、敦促的性质。至于臣下的文书,向皇帝陈事谢恩的叫"章",专门用于陈事的叫"奏",用于陈情的叫"表",用于议政的叫"议",各有其名。公文书的制作、传发、保管各个环节,都形成了严密制度。皇帝的诏书由尚书郎起草,再经尚书令史缮写,经尚书令的审核,即上呈皇帝。皇帝若是认可了,就在诏书上画个朱钩,或写上"可""闻"等字样,再缮写一遍,封以御玺和尚书令印,然后由尚书发往丞相、御史府(或三公府)。而丞相、御史(或三公),还要再加审核、签署;若发现不妥,可以封还诏书。在此之后,诏书才能正式下达。这么一来,一份诏书就经过了多次审核,提供了反复推敲以减少纰漏的机会。汉末"清议"风潮中,汉灵帝下诏逮捕"党人"李膺,诏书下达三公府,被太尉陈蕃毅然封还,不肯平署。这实际就是唐代门下省"封驳"之制的起源。

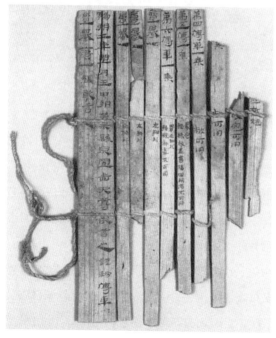

图十一 敦煌悬泉置发现的汉简,传车亶舆簿

公文书要用印玺封缄,即在缚系文书的绳结处填上封泥,由负责的官员把印盖在封泥上。秦汉的很多封泥流传到了后世。20世纪90年代后期,在西安又发现了两千多块秦封泥。封泥上的官名,成了后人了解当时官制的宝贵材料。重要的文书有两封、三封的,以加强保密性。重要文书要装在口袋里,诏书用的是青布口袋,军情文书则用红白口袋。公文书的传递称为"行书",由邮、亭、驿等负责传送。根据重要程度和紧急程度的不同,不同公文书一昼夜的传送里程,有不同的规定,如昼夜160里、180里等等,还有日行千里以上的。有些公文书规定要由长官亲启,或必须在长官面前拆封。文书发往有关郡国、官署后,如有必要的话,各郡国、官署就继续缮写下发。

西汉长安未央殿的北侧有个"石渠阁",据说是萧何所建,从秦朝弄来的律令图书,后来就保存在这里。东汉洛阳南宫有个"东观",据说高阁十二间,里面也藏有丰富的诏令章奏。御史大夫的官署在"兰台",也保存了一批图籍秘书。王朝遇到棘手的事变,往往要去查阅"故事"。"故事"即指档案文书,或档案文书中所记载的法律法令和成规旧例。汉廷非常重视"故事",君臣议政动辄引证"故事"。有一种官叫"掌故",官称就取义于掌管"故事"。东汉顺帝打算封其奶妈宋娥为山阳君,而尚书左雄却说,经过查阅尚书省的"故事",其中并没有给奶妈封爵授邑的制度。"故事"中没有,就是反对的理由。档案故事的制度,使政治经验和行政规则得以代代相传。

公文书的运行也就是各种指令、情报的流动,在这个信息流动的网络中占据了节点的位置,也就等于占有了一种权力,进而是一种政治地位。尚书最初不过是4名传发书奏的小吏,然而因其处理文书之责,在君主和朝臣间处于承上启下的位置,所以就由4名书吏,最终发展为政务之总汇、天下之枢机了。西汉昭帝、宣帝时的霍光,就是通过"领尚书事"的头衔把尚书机构抓在了手里,从而保证了大权在握。霍光还规定,臣民上书均须两份,其一为副本;领尚书事者先看副本,若认为不妥,则正本就不再上呈皇帝了。这办法便于权臣擅政却不利于君主独断,所以霍光死后,汉宣帝就下令"去副封以防壅蔽"。东汉多次出现太后摄政临朝,这时候群臣上书也得多抄一份,一呈太后,一呈皇帝。可见政治的变动,经常影响到文书制度的变动。反过来说,文书制度的变动竟关涉于政治变动,那么文书的政治意义,就灼然可见了。

第四章　爵禄与吏禄

帝国是一个等级金字塔,官僚制的结构是分科分层。等级管理是通过品秩位阶实现的,针对"事"和"人"两个方面:第一,把官署和官职划分为不同等级类型,依此配置职能、权力和资源,以构成行政体制;第二,把官吏划分为不同的等级类型,依此提供薪俸、确定待遇、赋予地位和身份,以实施人员管理。总之品秩的功能,就是为官职分等分类,为官员分等分类。

等级安排有两种基本形式,即"品位分等"和"职位分等"。品位分等是以"人"为中心的,是给"人"分等,或说在职位等级外,另行为官员个人设有位阶;而职位分等是以"事"为中心的,是给"职"分等;这种体制不为官员个人设级别,他被安排在什么职位,就是什么级别。历史上较早出现的官阶制,大多属"品位分等",因为越传统的社会越重身份,而在身份被制度化了的时候,就体现为个人的品位。

进而统治者安排位阶时,会有两种考虑。第一是运作考虑,即通过分等分类,在官署、官职之间建立合理的指挥、从属与监管关系,对各级官员待遇、业绩和资格实施有效管理,进而保障君主专制、中央集权,维系官僚政治的正常运作。第二是身份考虑,即通过位阶系统,安排各种政治势力的身份地位,分配权势利益。后一点尤其能让人看到传统王朝与现代政府的不同:传统官僚不单是行政雇员而已,他们也是统治阶级,是利益集团。官贵有很多类型,如贵族、军人、文吏、士人、门阀等等。不同样式的位阶,把不同官贵安排于不同地位,给其不同权益,使之按不同的标准迁升,从而对某些官贵有利,而对另一些官贵不利。

所以位阶样式,可以反映政权的成分与形态。例如,重"事"的位阶只考虑劳务、薪俸,而相对忽略身份;而重"人"的位阶,则能给官僚的品位特权与等级身份以较多保障。那么位阶是重品位还是重职位,可以映射出其时的官僚身份性的强化或弱化。在贵族政治下或在官僚发生了"贵族化"的时候,就有可能出现特定的品位形式,用以区分社会身份的贵贱,而不仅仅是行政级别的高低。由此形成了位阶安排上的"贵—贱"问题。又如,面向文官和面向武人的不同位阶,往往能体现文武势力的并立和消长。"文—武"首先是个职类问题,但在古代也涉及文官集团和军人集团的权势分配问题。此外还有"士—吏"问题,即士人与文法吏的问题,他们间的矛盾变迁也体现于品位安排之上。简言之,"贵贱""文武"和"士吏"三者的关系,就是观察传统品秩位阶的主要视角。

秦汉官僚等级体制的基本特征,可以概括为"爵—秩体制"。"爵"即二十等军功爵,"秩"即"若干石"构成的禄秩,诸如二千石、六百石之类。爵级和秩级双峰并峙,统治者通过爵与秩实现不同目的,官贵们也通过爵与秩获得不同的东西,是为"爵禄"与"吏禄"。魏晋之时九品官品又出现了,标志着帝国品位结构的继续进化。

一 "庶人之有爵禄"

周朝等级制主要是"爵"。周爵有两种：一是公、侯、伯、子、男"五等爵"，其拥有者是列国国君；二是由公、卿、大夫、士等爵号构成的序列，古人也叫"内爵"，是为贵族官员的等级，可视作中国最早的官阶。卿、大夫、士都是独立于职位的身份，而且各种权益礼遇大都附丽于爵级，而非附丽于职位。周代的祭祖之礼：天子七庙，诸侯五庙，大夫三庙，士一庙，庶人祭于寝；周代的贽见之礼：孤执皮帛，卿执羔，大夫执雁，士执雉，庶人执鹜。类似的情况还有不少，礼遇都是配置在爵级之上，而不是配置在官职之上的。所以公卿大夫士的爵列，其性质是品位分等。这种以爵为本的禄位占有，我们称为"爵禄"，以与后文所云"吏禄"相对。

周爵区分贵贱，拥有公卿大夫士爵者，构成了一个高贵的阶层。周爵也区分士、吏。在拥有爵位、拥有礼乐教养的士大夫之下，还有一个卑微的胥吏阶层，如府、史、胥、徒之类，他们在官府中默默承担着各种具体事务。但周爵不区分文、武，周朝的士大夫"允文允武"，既拥有礼乐教养，又有"执干戈而卫社稷"的军事责任。贵族的教养是"六艺"，即"礼、乐、射、御、书、数"，"礼、乐"属文化教养，"射、御"是军事技能，"书、数"是行政技能。

战国秦汉官僚制化的历史运动，冲破了传统等级秩序，位阶制也发生了重大变化。这时候有两个新事物最为重要：一是军功爵制，二是禄秩。先看军功爵。各国为奖励军功，使用过各种军功爵号；最重要的,就是秦国的二十等爵了。它始创于商鞅变法之时,当时大约有十几个爵级,到秦汉发展为20个等级。爵级上附丽着各种特权,如授予田宅,赎罪减刑、役使庶子等;还可以享受多种与平民不同的礼遇,比如爵高一级,坟头就可以多种一棵树之类。汉初依爵级而赐田宅的制度,参看下表:

爵级	爵名	田地	宅地
二十级	彻侯		
十九级	关内侯	95顷	95亩
十八级	大庶长	90顷	90亩
十七级	驷车庶长	88顷	88亩
十六级	大上造	86顷	86亩
十五级	少上造	84顷	84亩
十四级	右更	82顷	82亩
十三级	中更	80顷	80亩
十二级	左更	78顷	78亩
十一级	右庶长	76顷	76亩
十级	左庶长	74顷	74亩
九级	五大夫	25顷	25亩
八级	公乘	20顷	20亩
七级	公大夫	9顷	9亩
六级	官大夫	7顷	7亩
五级	大夫	5顷	5亩
四级	不更	4顷	4亩

续表

爵级	爵名	田地	宅地
三级	簪袅	3顷	3亩
二级	上造	2顷	2亩
一级	公士	1.5顷	1.5亩

资料来源:张家山汉简《二年律令·户律》。

军功爵首先是一种功绩激励制度。砍掉一个敌方军官的脑袋,就赐爵一级;砍掉两个,就赐爵两级。其激励士气之功是很大的,以致关东诸国称秦国是"尚首功之国"。军爵的意义又远远超过了激励士气,它用功绩制冲破了宗法贵族制,为平民提供了军功获爵、改变身份的途径,这是个划时代的变革。汉人已看到了这一点:"庶人之有爵禄,非升平之兴,盖自战国始也。"依商鞅之法,哪怕你是宗室成员,若无军功,也要从宗室名籍中除名。周爵的获得根据贵族的传统地位和宗法身份,军功爵的予取予夺却出自专制君主,由此又促进了权力的集中化。所以学者评价说:"军爵塑造新社会。"军爵用功绩制塑造社会身份,"以皇帝为中心,把包括居住在里的庶民在内的人民,都组织到一元化的秩序中去"。

清代学者赵翼指出秦汉间是"天地一大变局",是个"布衣将相之局":古代分封诸侯,各国的卿大夫世袭官位,而"汉祖以匹夫起事,角群雄而定一尊。其君既起自布衣,其臣亦自多亡命无赖之徒,立功以取将相,此气运为之也"。一批"亡命无赖之徒"摇身一变为王朝将相,昔日的起义将士成了新贵。他们的身份标志和地位保障,就是二十等爵。

汉高祖把功绩赫赫的从龙者130多人封为列侯,还定下了"非功不侯"的规矩;同时向起义将士们普赐爵位,已有爵的再提高其爵位。据李开元先生推算,在这次权益大分配中,约有60万起义将士通过赐爵而获得了田宅;以五口之家计,则军爵的受益面约300万人,占当时人口的1/5;他们获得了3亿亩耕地和1500万亩的宅地,相当于全国耕地的40%。由此而形成的"军功受益阶层",成为新政权的坚强支柱。汉高祖时,军功集团对三公九卿、王国相及郡太守等重要官职的占有率,高达96%;在惠帝和吕后时,是81%;汉文帝末年(前157),王朝创立已近半个世纪了,军功集团对重要官职的占有率仍达50%之高。鸿门宴上生吞豕肩的樊哙,封舞阳侯;后来立下了"除吕安刘"之功的周勃,封绛侯;最初的两位丞相萧何、曹参,一封酂侯,一封平阳侯。

二十等爵最初依军功而授,但汉代承平日久,逐渐又向一般官吏授爵,用作激励手段;甚至还向民众普赐,成了向民众施惠的手段了。这时的二十等爵,就不好称为"军功爵"了。爵级普赐,造成大量民众拥有爵级,爵级高下影响社会身份的高下,这样一来,二十等爵的身份功能,就鲜明起来了。

二十等爵的功绩制精神,代表了社会变革的方面;而二十等爵的社会身份功能,则显示了社会的过渡性。周王朝是"以爵为本"的。"爵"这种品位形式的来源古老,而且富有贵族色彩和传统色彩。尽管军功爵已被授予军功新贵,但它承用了"爵"的名称,所提供的仍是一种拟贵族的荣耀;配置在爵级上的待遇,比后代优厚得多。后代依官品占田,而秦汉依爵级授田;后代以官品当罪,而秦汉以爵级抵罪。秦与汉初还存在着"爵重于官"的情况:大臣若有几种头衔,结衔时习惯先列爵位、后列官职；不少待遇依爵级授予，而不是按禄秩授予。无爵或低爵的人如果侵犯高爵者，要加重处罚，法有明文。甚至能看到这样的情况：几个人合伙打猎，分猎物居然以爵级高下为准。"爵"的传统影响力，可见一斑。后人评述秦汉："而在民间，时不知德，惟爵是闻。故闾阎以公乘侮其乡人，郎中以上爵傲其父兄。"（公乘是第八级爵，参看上表。）爵级高就可以欺负乡亲，甚至在父兄面前摆架子。一个古老传统——以爵为立身之本——依然存在于社会观念之中。

第二十级爵彻侯和第十九级爵关内侯，尤其为人看重。汉人特重封侯，"封侯"成了他们的人生理想。汉代画像中有若干射雀射猴的画面，那就是谐音"射爵射侯"的。苏武归汉而不得封侯，还被燕王刘旦用作攻击霍光的口实，后人留下了这样的叹惋："茂陵不见封侯印，空向秋波哭逝川。"班超早年的志向，就是立功异域、以取封侯，看相的也说他有"万里侯相"。汉代列侯的封户多者上万（号称"万户侯"），少者数百。据统计，二千户之封每年可得谷物约一万石，超过了拥有百顷土地的大地主。相比之下，宋朝就很微薄了，每食实封一户，给 25 文钱而已。司马光加食封二百户，每年多得 60 贯俸钱，不过能买六七十石米。汉代的关内侯不少也有食邑，其户数在二百户到二千户之间。西汉功臣侯的利益优于东汉，而东汉功臣侯的家世绵延，甚至与王朝相始终的情况，又胜过了西汉。概而言之，二十等爵令"庶人有爵禄"，这是其变革性的方面；爵仍被视为社会地位之本，其待遇比后代优厚，浸透着贵族式的荣耀，这是其传统性的方面。

二十等爵中的彻侯，出于避讳原因，在汉武帝刘彻之后专称列侯。居二十等爵之首的列侯显然具有特殊性；其封授的原则是"亲"与

图十二　山东微山画像石中的射雀射猴图,寓意"射爵射侯"

"功",即皇亲国戚与功臣。汉代封侯者大略有如下几种。第一是宗室的龙子龙孙们。皇帝的儿子封王,皇子的儿子封侯(即"王子侯")。第二是"外戚恩泽侯"。汉代宗室因"削藩"而在政治上消沉之时,外戚却嚣张起来了。西汉的霍、许、史、王,东汉的窦、邓、阎、梁,都是一旦权柄在握,则兄弟并侯。光武帝时因"外戚恩泽"而封侯的有45人,东汉外戚邓氏一门封侯的达29人,无人可比。第三是"功臣侯",最初依军功而封,但承平日久,事功也封侯赐爵,又具有行政激励功能。汉武帝始,丞相必封侯;汉宣帝重吏治,治绩卓著的郡守往往赐爵关内侯。此外东汉还有一种"宦者侯",是宦官专权的产物。汉顺帝封了24个宦官为侯,汉桓帝封了13个,汉灵帝封了19个。两汉封侯者,王子侯约占43%,外戚恩泽侯约占14%,功臣侯约占39%,宦者侯约占4%。总之,封爵标准是"亲亲"与"褒功",这也含有双重意义:"亲亲"以优待皇亲贵戚,"褒功"则强化了新兴的功绩制度。

二十等爵最初是军功爵,是面向军功势力的,在"文—武"视角中明显向"武"倾斜;与宋明清的主干品位——科举功名相比,历史前后期的文武轻重变化,就显示出来了。二十等爵被用作社会身份的重要尺度,但这是因功而贵的,因而从"贵—贱"方面看,二十等爵不分贵贱。在被用来褒奖事功时,二十等爵成为一种吏员激励手段,但对儒生士人并无优待,因此也不涉"士—吏"之分。

二 禄秩的渊源和性格

战国秦汉位阶制的另一个变迁,是禄秩的演生。春秋战国间出现了拿粮食做俸禄的办法,并在战国逐渐普及开来了。

春秋以上贵族有爵,他们依爵享禄,是为"爵禄",其主要形式是采邑和禄田。卿大夫领有采邑,而且是世袭领有;士领有禄田,禄田到致仕才上交。所以"爵禄"是一种"长时段"的报酬方式,适应了贵族制下身份的凝固不变。谷物或货币俸禄就不一样了,它便于即时任免和升降,适应于官僚制下官员的变动不居。在秦国和燕国,还能看到"千石之令""八百之令""三百石以上吏"之类记载,显示"若干石"的俸额,进而被用作官阶了。秦汉广泛使用月俸,用"若干石"衡量官职高低,是为"禄秩"。

以俸额作为官阶等级的办法,是从哪儿发展出来的呢?这可以追溯到周代"稍食"。周代的卿大夫士之下,还有一大批无爵的胥吏,他们按月领取的口粮(及衣装等),称"稍食"。稍食是"短时段"的,一月一发放;而且是按劳取酬的,在年底和月底通过考课分等,按任务轻重、干事多少来发放。事繁任重,稍食就发得多,则稍食的额度,实际就是胥吏的等级。卿大夫拥有采邑,也就领有了土地、人民。领有土地、人民就是主子。"君,有地之称也",卿大夫在采邑中就是"君"。而胥吏却是一个卑微的阶层。"吏"好比是打工仔,自己没一块地,只好到人家帮忙干活。秦汉禄秩,也用谷物的数量为官员分等,也按月发放月俸,其实就源于周代稍食。周爵的公、卿、大夫、士等爵称,来自人之尊称,是宗法贵族的等级标志;二十等军功爵的爵称,来自军职之称,是军功新贵的身份标志;而禄秩用俸禄额度做秩名,它是文法吏的身份标志,可称"吏禄"。谁用"若干石"做官阶,谁就是"吏"。战国禄秩的推广,与文法吏的崛起是同一历史进程。秦汉禄秩用"若干石"的俸额做秩级,这是极有特色的;然而为什么如此,两千年来没人问个究竟。不过现在,我们能够提供一个解答了,答案就是禄秩源于稍食。

稍食原是胥吏的报酬和等级,所以"若干石"的禄秩,最初也只用于低级官吏。商鞅变法时所见最高秩级只是千石,秦统一前后才出现了二千石。由张家山汉墓出土《秩律》,可知汉初禄秩有11级,最高仍是二千石,最低为一百二十石,同时还存在着二百五十石、一百六十石这样带零头的秩级。到了汉武帝的时候,二千石中又分化中二千石、真二千石、二千石、比二千石诸秩,丞相和御史大夫事实上也形成了两个秩级。与此同时,禄秩低端那些带零头的秩级,却销声匿迹了。西汉中期的王朝禄秩约有21级:丞相、御史大夫、中二千石、真二千石、二千石、比二千石、千石、比千石、八百石、比八百石、六百石、比六百石、五百石、四百石、比四百石、三百石、比三百石、二百石、比二百石、百石、比百石。

不难看到：战国秦汉间禄秩序列的高端在不断向上伸展，这个段落的秩级在繁衍析分，而禄秩低端的秩级则趋简化。这说明更高等级的官职也用禄秩标示地位了，或者说用"吏"的方式加以管理了。在禄秩序列向上伸展的同时，它还有个横向扩张的过程：一些起初不用禄秩标志等级的职类，例如皇帝的侍从、侍卫，文学之官和军官等等，逐渐通过"比"于"若干石"的办法，而被纳入了禄秩的适用范围。这就是汉代禄秩中那些称"比"的秩级，即若比二千石、比六百石之类秩级的来源。"比秩"的形成，大约在汉武帝前后。这就意味着，更多职类的官职，也被王朝按"吏"的方式加以管理了。从制度史角度看，"人"也是制度塑造的：同一批人，用贵族待遇对待之，他们就有了贵族的性格；用吏员手段管理之，他们就有了吏员的性格。总之，禄秩序列的纵向伸展和横向扩张，说明更高、更多的官吏，都被王朝用"吏"的形象来定性定位了。秦汉帝国的政治精神，便是"以吏治天下"。

最初，秩级跟俸额大约是相同的，二百石秩就发二百石粮食，三百石秩就发三百石粮食。不过薪俸发多少往往因时而异，官阶却须保持长期稳定。所以"若干石"的秩级，跟实际的俸额逐渐分离了，二千石官未必年俸二千石，六百石官也未必年俸六百石。西汉俸禄实际是发钱的，丞相月俸六万钱，真二千石月钱二万，二千石月万六千；东汉三公月俸 350 斛，二千石月俸 120 斛，折成"半钱半谷"发放。然而这"若干石"的秩名有如胎记，透露了其最初的来源是稍食。

秩与爵还有一个很大不同：无论周爵还是军爵，它们都是个人的品位，而不是官职的等级；秦汉禄秩的性质却相当不同，它是官职的等级。禄秩所标志的是职位高低,而不是个人的品位高低;若无职位,则官员个人无品级可言。某位有爵者没有了官职,其爵位并不丧失;而某位郡守被解免,"二千石"的秩级就非其所有了。禄秩是附丽于职位的,居其职方有其秩,居其职则从其秩。这一点还可从如下事实中看清:汉代官僚在因病或为父母服丧而一度离职后,在其再度入仕之时,王朝可以不管他们先前的秩级。东汉中二千石的河南尹李咸,为母服丧三年后再仕,只做了六百石的尚书;六百石的县令鲜于璜为父服丧三年,再仕时被任命为百石的州从事。显然,汉代的官僚一旦失去职位,原先的秩级就丧失了,秩级不跟人走,因职位而定,做什么官就是什么级。由此可以判定,禄秩具有浓厚的"职位分等"色彩。在禄秩所支配的等级秩序下,官可大可小,人能上能下,秩级可高可低,这与后代的官场是不一样的。

职位分等是"以事为本"的,强调按劳取酬、同工同酬,注重行政效率;而品位分等是"以人为本"的,它对官僚个人的品位权益有更多的保障。越传统的社会越重身份,身份往往体现为"品位"。所以"品位分等"不光是一种技术安排,也经常变成一种身份安排。在帝制时代,过分优厚的品位待遇,往往跟官僚的身份、特权、自主性甚至贵族化息息相关。而秦汉之时,新式官僚登上历史舞台为时不久,还没来得及积累出各种特权;禄秩这种官阶对官僚品位特权的保障,也是比较小的。禄秩更多服务于行政需要,从属于"运作考虑"。进而,禄秩不区分"贵—贱""文—武"和"士—吏",就是说没给文吏、士人或军人以特殊身份待遇,都是作为"吏"来管理的。它与二十等爵的配合所构成的格局,就显示了秦汉官阶结构的特殊性。

至于二十等爵,则主要出自"身份考虑",它不是官阶而是个身份序列。因而不妨说,"爵级"代表了帝国政治中的身份性因素,而禄秩代表了帝国政治中的官僚制因素。秦汉的政治等级秩序,就是以二十等爵和禄秩为主干的。这种等级秩序可以分成两个层面:第一个层面是禄秩支配的行政秩序,其中的品位保障小于先秦贵族,而且比后代官僚小,"吏禄"性质非常鲜明,它面向文法吏,体现了"以吏治天下"。第二个层面则是"爵禄"的范围,二十等爵超越了周爵,具有功绩制意义,但"爵"这东西毕竟渊源古老,仍具有一种"准贵族"的传统荣耀,爵级的好处大于后世。宗室、外戚以爵来标志高贵,其贵族身份不言而喻;因功而封侯赐爵,也好似拿到了贵族俱乐部的会员卡,这时它表现为一种贵族化了的功绩制。可以再打个比方:仅有秩级而无爵级的官吏仅仅是"吏"而已,好比干活挣饭的公司雇员,失去职位就什么也不是了;可一旦拥有爵位,就成了帝国公司的股东了。宗室、外戚、军功阶层,都是股东;行政官僚因事功而封侯赐爵的,也等于混到股东了。

在秦汉王朝,"爵"与"秩"两个序列是相互疏离的。虽然看得到一些爵级与秩级在待遇上相互比拟的情况,例如第八、九级爵在某些待遇上与六百石秩相当,但说实话这种对应并不严格。列侯的议政资格和察举权力在不断萎缩:单凭列侯身份而参与朝议的情况,在汉武帝以后越来越少;西汉的 6 次制举全部有列侯参加,东汉就减少到了五分之一,近 20 次制举,列侯只参与了其中 4 次。朝廷对有爵者的入仕虽偶有优待,但绝大多数情况下,"爵"并不构成入仕资格。跟后代一比就看出差别了:两晋有"国封"者,依制起家散骑常侍;北朝有"五等诸侯选式",为各级封爵规定了相应起家官品;唐朝"凡叙阶之法,有以

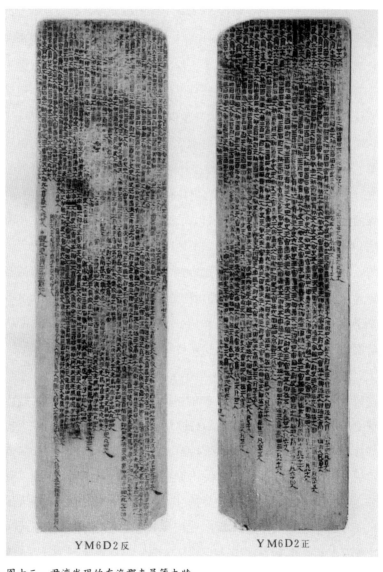

图十三　尹湾发现的东海郡吏员簿木牍

封爵",爵级是获得出身官阶的途径。反观汉王朝,却没有提供依爵起家的途径,不能靠爵级做官。二十等爵不是官阶,与官职无直接的联系,只是一种个人品位。

这种爵、秩分立的等级秩序,适应了残余贵族政治因素和新生官僚政治因素两立并存的历史局面。爵级被用以保证身份,维系统治集团的身份认同、权益分配和政治忠诚;在这一块安顿好之后,统治者就得以腾出手来严以治吏了,这就包括采用重事不重人的禄秩做官阶,有职方有禄,职高则禄重,按劳取酬,禄称其任。爵、秩的疏离,有效淡化了品位特权对行政的直接干扰。这样一种等级体制,我们称为"爵—秩体制"。它是在贵族政治和官僚政治此消彼长的特定阶段中滋生的。爵、秩的并立与疏离,凸显出了早期帝国的政治二元性:先秦身份制、贵族制传统仍然发挥着可观余热,同时初生的官僚体制也洋溢着虎虎生气。这种结合了传统因素和变革因素的二元性,适应了秦汉社会的特定发展阶段,很可能就是秦汉帝国蓬勃政治活力的来源之一。

二十等爵本是一种军功激励手段,禄秩则源于胥吏的酬报和定等之制"稍食"。可见,"爵—秩体制"的背后,就是军功集团与文吏集团;这显示秦汉等级制的进化,主要是由军功势力和文吏势力推动的。这是帝国初期的政治现象。不妨与帝国后期的科举时代相比。在科举制下,学历或"功名",如生员、监生、举人、进士、翰林之类,成了官员的基本品位。明清等级结构的主干,就是官品、职位和学历的"三脚架"。二十等爵来自褒奖军功,学历或"功名"来自考试文人,它们分别在帝国前期和后期构成品位结构的主干,所反映的是军人和文人在帝国前后期的不同地位。

三　从禄秩到官品

帝国初期庶事草创，在等级安排上，各种显性及隐性的位阶，新旧杂糅，不无错综支离之处，一体化程度不高。前述二十等爵和禄秩的疏离，就是其表现之一。此外就禄秩而言，它最初也没有覆盖到所有的王朝官号拥有者。像侍从之官、军官、文学之官、大夫之官，不属行政吏员，本来是无秩级的；后来这些官通过"比"形成了"比秩"，但"比秩"本身仍是一个"另类"的标志。"吏"在正秩，"非吏"之官在"比秩"。所以汉代"比秩"与后世"从品"（如从一品、从二品之类）不同，"比秩"兼有区分职类的意义，而"从品"没有。又如源于周代的上公、公、上卿、卿、大夫、士概念，仍被用以区分官职层级。例如西汉的丞相、御史大夫，东汉的太傅、三公，都无秩名，只用上公、公、上卿概念以区分之。公卿大夫士概念也被用于礼制场合，用以牵合礼书所记礼遇，但这时候往往又与秩级不合。又如八号常设将军常被用为辅政者的加号，从而具有了品位意义，此外还有战时任命的杂号将军，也没有与禄秩序列一体化。秦汉的朝位，即官员在朝会时的席位，也具有重要的等级功能，王朝往往通过调整某官的朝位来升降某官资望。但朝位既不与禄秩完全一致，也不与爵级完全一致。

与后世相比，秦汉位阶体制呈现出了较大的松散与疏离。帝国位阶体制的松散与疏离，既是行政结构不够完善，即诸官署、诸官职的分等分类尚较粗糙造成的；同时位阶的背后是"人"，各色位阶的松散和疏离，也是各种传统政治群体和新兴政治群体尚未充分一体化的表现。"爵—秩体制"及其所立足的政治结构和官贵成分,在两汉四百年处在不断的变迁波动之中。就品位结构而言,存在着一个"禄秩的中心化"的进程;就影响等级结构的政治背景而言,存在着"文吏的官僚化"和"官僚的士人化"的进程。这些变化推动着帝国品位结构的缓慢进化,最终进化到了官品体制。

首先来看禄秩的中心化。"爵—秩体制"的基本结构是爵级与禄秩并立。但随时光推移,"爵禄"不断退缩而"吏禄"不断扩张。王朝给官僚新增的很多特权和礼遇,被配置在秩级之上,而不是爵级之上。依爵授田宅的办法,因土地私有制的稳定化,而无形自废。朝廷赐爵、卖爵越来越滥,除了列侯(及关内侯)还有不小含金量外,第十八级以下的爵级,其价值日益贬值缩水。到东汉末就成了这个样子:"爵事废矣,民不知爵者何也。夺之民亦不惧,赐之民亦不喜。"爵位是个人品位,很容易变得猥滥,因为爵既无权责又无职事,皇帝不用担心授爵影响行政。西汉的晁错就说过:"爵者上之所擅,出于口而亡穷。"所以皇帝授爵,总比授官慷慨得多。一套品位因滥授而越来越不值钱,在各王朝都是经常现象,可称"品位趋滥律"。凡此种种,都使"爵"越来越轻、"官"越来越重了。有爵无官者虽比平民尊贵,毕竟比不上有官有秩者手操实权,"县官不如现管"。封侯还算位望较高,至于一般的有爵无官的人,权势没法儿跟在职官僚比。官僚行政是帝国大厦的顶梁柱,官僚是社会政治的支配者,所以"爵禄"的退缩和"吏禄"的扩张,势所必然。

作为禄秩来源的周代稍食,因其所面向的是胥吏层次,所以从结构说,稍食处在公卿大夫士的爵列之下,周爵与稍食是上下承接关系。

战国秦汉间,爵列与秩级却双峰并峙,变成并立关系了,是所谓"爵—秩体制"。进而等级秩序的重心逐渐向禄秩偏转,禄秩为主、爵级为辅,禄秩成了主干,爵级成为旁枝了。爵与秩一退一进,其背景就是贵族制残留影响的继续淡化,官僚政治的继续发展,以及官僚充分取代贵族,成为整个社会的统治阶级。

那么话题就已触及文吏的官僚化了。"文吏"之称所指示的是一个"职业吏员"群体;"官僚"所指示的则是一个权势阶层。文法吏的前身,是周代卑微的胥吏。在文法吏刚刚步入政治舞台的中心之时,他们的特权还很有限。所以其等级管理手段——禄秩,也体现出了"职位分等"的特征,重事不重人,忽视官吏的个人资位。然而秦汉四个多世纪中,官员的各种特权在一点点积累着,其地位和权势一天天稳固,他们本身也逐渐身份化了。昔日的"文法吏",开始向阶层意义和身份意义的"官僚"转变,由"职业吏员"群体变成"官僚阶层"了。在这时候,各种等级安排就将更多地围绕官职与官僚而展开,与官职相疏离的二十等爵只好退居侧位。"爵—秩体制"的二元性趋于淡化,一种新的等级秩序将要取而代之,它将以"官"即行政职位占有者为中心,而不再是官、爵并立了。

再看官僚的"士人化"。汉武帝"独尊儒术",带来了官僚成分的重大变化。儒生或士人,在政府官员中的比例越来越大了。儒生在最初只是与文吏并立朝廷,但随后就显示了巨大的政治竞争力,逐渐占据了上风,并进而影响到了帝国的选官制度和位阶安排。秦汉小吏迁至高官,本来是没有仕途阻碍的;然而东汉后期两大仕途——州郡察举与公府征辟,往往都以儒生或"名士"为对象,单纯文吏的仕途逐渐狭窄了，百石以下的小吏爬到高官越来越不容易。士大夫居上而胥吏居下的格局，初显轮廓；选官上"士"与"吏"作为两个流品被区分开来，进而将影响到王朝的品位安排。

魏晋时一个新事物——九品官品问世了。最初九品官品与禄秩是并行的，一直到南朝都是如此。不过官品又逐渐排挤了禄秩，北朝基本只用官品，而由俸额构成秩级的早期等级样式，消沉了，退出了历史舞台。

九品官品与禄秩有什么不同呢？九品官品的结构性特点，就在于其总体性和一元性。它把禄秩、封爵、公卿、将军号和朝位等等各种位阶要素，都纳入其中，使之一体化了。魏晋官品除了列有各种官职之外，引人注目地把封爵也纳入其中。爵号分布一至六品：公爵在第一品，侯伯子男爵在第二品，县侯第三品，乡侯第四品，亭侯第五品，关内名号侯第六品。魏晋的将军号发展到了一百多号，且由军职变成了军阶，并被纳入了官品的一至五品：黄钺大将军在第一品，骠骑等将军在第二品，诸征镇安平等将军在第三品，宁朔等将军在第四品，鹰扬等将军在第五品。魏晋还有各种散官、名号，如大夫、郎官和各种侍从，其品位意义大于职能意义，当然也列在官品之中。至于诸公及"诸位从公"者，列在第一品，汉代上公、三公没有级别的情况，由此而变。官品还遵循"同类官职以居前居后定高下"的原则。例如诸公和"诸位从公"同在第一品，然而诸公在前，"诸位从公"在后，则前者高于后者。这就是吸收了朝位的因素。魏晋南朝的禄秩与官品尚未完全一体化，等于是双轨制；但北朝弃禄秩而专用官品，俸禄发放依官品而定，禄秩和官品并轨了。

汉代的禄秩、封爵、将军号、公卿位、散官、军号等位阶的搭配组合，本来不无错综支离之处；但九品官品作为一个共同尺度，把它们汇为一体，在九品官品中各得其所，相互有了明确的可比性，等级关系一清如水了。是什么促成了这种变迁呢？这要从"职位结构"和"人员结构"两方面看。从职位结构说，战国秦汉间的剧烈变革，各种新兴官署、官职和官号大量涌现，与旧有官署、官职、官号杂糅并存，其间的指挥、从属、监管、协作关系，其职类划分和等级认定，一时还不够精致化。从人员结构说，各种新兴群体与传统势力变迁不定，其利益分割、权力分配和名位占有的方式莫衷一是。但随官僚帝国的不断进化，组织架构不断完善，各种身份、各种名号的拥有者逐渐融入"官僚阶级"的队伍，各种位阶也必然趋于一元化，采用"官本位"的尺度。作为综合性尺度的九品官品，就应运而生了。周代爵级和稍食本是一元性的；战国秦汉出现"爵—秩体制"，其基础是传统贵族政治和新生官僚政治的二元性；而随官僚政治日益成熟，这种二元性逐渐淡化了。

官品的意义还不止于此。由于官僚的"士人化"，士大夫与胥吏的分途在选官已初现端倪，而九品官品加快了"士—吏"分途的趋势。九品官品所容纳的官职，最低到台省令史为止（第八九品），魏晋太学的毕业生所获官资，就可以做这种九品令史之官；九品以下，就是不入流的小吏了，事实上就构成了"流外"。这就为流内士大夫与流外胥吏的区分，提供了前提。同时魏晋还实行九品中正制，中正依德才高下评价士人，为吏部提供任官依据。除特殊情况（如宦官职类），流内九品文官的任用都应依据中正品。这就进一步促成了官僚的"士人化"。

第五章　儒・法与儒・吏

中国在很早期的时候就累积了丰厚的古文化,同时又滋生了专制官僚组织的萌芽。它们的累积和发展,在战国时就孕育出了两样东西:百家争鸣的灿烂文化和任法选贤的官僚组织。承载它们的是两大群体:学士与文法吏。战国秦汉的学士儒生与文法吏的双峰并峙,是战国秦汉的主要政治景观之一,其矛盾构成了此期一条重要的政治线索;而且这个线索,与其时的学术思想变迁,如法术、道术和儒术的关系变迁,也是缠绕纠结在一起的。

秦汉还处在帝制早期,政治文化的波动还很剧烈,相当一段时间中起伏不定。帝国政治体制之奠基,先于帝国政治文化模式之定型。秦王朝的设范立制足以垂范后世,"百代多行秦政法";然而秦用法术,具有浓厚的"文吏政治"色彩,汉初一度实行黄老政治;直到汉武帝时,才确立了儒术的正统意识形态地位。此后儒生源源参政,与文吏并立朝廷。西汉末事情又向另一极偏转,有了王莽变法的事件。经种种波折,东汉儒法合流,儒生与文吏合流,帝国政治文化才初步获得了较为稳定的形态,确立了它的基本特征。这个基本特征,就是"外儒内法",即:在显示、标榜的层面上,或说在意识形态层面上尊崇儒术;同时在实用层面,用法律保障专制集权,让日常行政建立在合理化的法律故事基础之上。

一 从法术、道术到儒术

中国传统文化中,"政治学"特别发达。春秋战国百家并作,司马谈这样说他们:"夫阴阳、儒、墨、名、法、道德,此务为治者也。"诸子百家都是"以治为务"的,他们不是纯粹学问家,只在象牙之塔里探讨事物奥秘,而是争先恐后地在救世治国上驰骋思绪,积极向统治者提供"治道"。统治者也会择善而从,尊崇某个学术流派,把一家之学奉为"指导思想"。所以中国政治,具有强烈的"意识形态政治"倾向。另一些古代国家会把某种宗教立为国教,不过宗教跟一家之学、跟意识形态是不相同的,"意识形态政治"是很"中国特色"的。社会上存在着一大批"以治为务"的学士,他们的政治主张对政治的影响,无从回避。战国秦汉间,法术、道术和儒术此起彼伏,构成了政治文化史上的一道奇观。

法家名副其实,主张法治。法家的法治是"统治者以法治民"(rule by law)的意思,所以并不同于现代"法律的统治"(rule of law)。法家持历史进化论和"性恶论",认为治国不能靠道德说教,而要靠强权与峻法。然而这"法治"还含有一种"理性行政"精神,即通过可计算、可预测的和运用合理技术的手段去达致政治行政目标。在《商君书》《韩非子》《管子》等法家著作中,对如何立法制律、分官设职、选官考课、理财积谷、徕民垦田等等,都有非常卓越的论述。在这方面儒家就相形见绌了。因为早期儒家关注的是社会正义,不怎么研究兵刑钱谷;而法家的最高目标,是建立一个强大精密的国家机器,它对内能把社会管得井井有条,对外能兼并称霸,所以法家对可操作的行政技术,不能不全力探讨。由此法家也成了国家主义者,只把人民看成是"耕战"工具:"有难则用其死,安平则尽其力",如此而已。拥有一个强大国家,就是你们老百姓的最大好处了,你们还想要什么呢!学术研究既无助于富国强兵,就应禁止;不耕不战的学士,干脆被说成是社会的蠹虫。拥有专业技能的文法吏,才是法家所相中的治国人选。

热衷于富国强兵的战国君主,对法术格外青睐。秦孝公与称说"霸道"的商鞅一拍即合,让他主持秦国变法;秦始皇对韩非之书一见倾心,说是若能与此人同游,死而无憾。秦二世也自幼跟赵高习法,是在法术的哺育下成长起来的。在这个朝廷上,儒生横遭"焚书坑儒"之祸,文法吏高踞政坛。

汉初承秦政之酷和秦火之余,百物凋零而百废待举。秦政是汉人所痛恨的,此时,道家"清静无为"之说,给"休养生息"政策提供了玄妙的论证,于是法家政治一变而为黄老政治。道家认为"道"是宇宙的法则,它能把万物自然地调节到适宜状态,人应该"无为"、应该"因循"于"道",不能超越"道"的运化而强有所为。陆贾为刘邦作《新语》,倡言"夫道莫大于无为",说是"君子之为治也,块然若无事,寂然若无声,官府若无吏,亭落若无民"。曹参信奉黄老,以"清静"方针治齐九年,做了王朝的丞相之后仍坚持"因循"方针。汉文帝和窦皇后都遵奉黄老之术。马王堆汉墓出土了两种《老子》和《经法》等四篇黄老著作,也是黄老学说曾流行于世的反映。汉初承秦制但不用秦政,对秦之"亟役万民"的做法反其道而行之,力图把高速运转的官僚机器的转速降至最低,避免对社会的骚扰和破坏而让其自然复苏。适应于"无为"方针,"重厚长者"类型的官员特受推重,这种官员的风貌跟"争以亟疾苛察相高"的秦吏,大不相同了。

帝国走向全盛,汉武帝独尊儒术,儒生开始源源进入朝廷。两千年中儒学的正统意识形态地位,由此而确定。为什么诸子百家中,唯有儒家取得了这样的地位呢?首先儒家是传五经的,五经是古文化的核心、精华,儒生也是公认的古文化代表和社会教育家,因此比起诸子百家来,儒术具有特别的文化优势。就连道家、法家、墨家等学者,自幼也得读儒家之书,因为那是社会的基本教科书。进而儒家倡言的仁、义、忠、孝,都是那个社会基本道义观念,只要活在那个社会,就不能不讲忠、不能不讲孝,那是"无所逃于天地之间"的,而儒术把仁、义、忠、孝理论化了。换言之,儒术虽没什么高深之处,却深深扎根于中国社会的主流价值观念之中。由此,儒术变成了一种可以号召民众、凝聚社会的意识形态。法家的法术只是一种政治行政理论,黄老的道术只是一种政治哲学,它们都属于"君人南面之术",即由统治者自己掌握的统治术,而不是那种可以用来号召民众、凝聚社会的意识形态。换言之,皇帝可以拿它们来对付民众,却不能拿它们来争取民众。所以在显示和宣传的层面上,或说在意识形态层面上,法术、道术只能让位于儒术。

汉儒参政后积极进取,通过批判秦政,来表达其政治理想。他们斥责秦帝任意扩展权势欲和享乐欲,申说君主的责任本是保障民生,要对社会太平和民众幸福负责;斥责秦法繁密严酷,申说礼乐教化才是理想社会的基石;斥责秦政的绝对专制、拒谏饰非,要求"开天下之口,广箴谏之路";还斥责秦朝"废先王德教之官,而独任执法之吏治民",矛头直指法治的承担者——文法吏,强调只有儒生才能承担德政和教化。这些申说在后世大多变成老生常谈了,但在帝国初创期却意义非凡。

统治者开始转变政治方针,甚至制度上也出现了相应变动,出现了"中国制度的儒家化"。汉文帝两次察举"贤良方正能直言极谏者"。"礼贤下士"本是儒者的一贯主张。董仲舒根据经典中的"贡士"之义,呼吁建立郡国举贤之法。没多久,汉武帝就创立了孝廉察举制度。这种以"孝"选官之法,本是商鞅、韩非嗤之以鼻的,秦朝也没这种做法。察举制的明经、文学等科,显然都是面向儒生的。汉武帝创立太学以"厉贤才",太学弟子最初50人,到西汉末增加到了万人以上。郡国各有学校,学生有数百的,有上千的。帝国官僚的成分与来源发生了重大变化,"公卿彬彬多文学之士矣"。太学的博士,以及往往由士人担任的大夫、议郎,都有资格参与朝议,为大政献策。郡国设有明经、文学、议曹等官职,他们除传经外,也发挥着类似朝中博士、大夫、议郎的议论责任。此外王朝为太子聘请师傅,任以名儒,承担着培训一位儒家式贤主的责任。

孔子被尊为"素王",儒学被奉为政治的指南。皇帝表示他们将实行"仁政""为民父母",把民众福利作为决策的参考。"以经义断事"的做法出现了,皇帝诏书、公卿奏议无不引经据典,甚至以"《春秋》决狱",用经学家对《春秋》这部史书的解释去判案决狱。可见除法律之外,经义也成了政治规范。儒生官僚发挥着据道谏君的功能,贤良对策、下诏求言、吏民上书以及臣工的廷诤面折,都成了经常现象,而这在文法吏充斥的秦廷是看不到的。清人赵翼曾感叹汉人"上书无忌讳"和"汉诏多惧词",士人上言往往肆直无忌;而君主诏书中又常有"朕甚自愧""朕以无德""是皆朕之不明"一类谦辞。士人规谏形式的政治批评,构成了制约皇权、调节政治的机制。后代还设置了专职的谏官。

秦末民众"苦秦久矣",趁天下反秦,纷纷攻杀他们所痛恨的秦之长吏。汉儒担任的地方官就不同了,他们不仅为民兴利,还倡导礼义、表彰儒生,甚至言传身教。胶东相吴祐遇到百姓相争不下打官司,总是首先闭门责备自己的德教未能化民,然后才去听讼;太守许荆遇到兄弟争财之案,便以自己的教化不行为由,请求廷尉把自己下狱,两兄弟深深感动,幡然悔悟了。余英时先生曾列举了众多实例,来说明儒生官僚是如何"先富后教"、同时承担起"吏"与"师"的双重责任的。在帝国行政组织和广大落后乡区之间,儒家的"礼教",发挥着不可忽视的整合功能。

按照现代社会学的观点,官僚应是具备法律、财务和文书知识的专业文官。法家所设想和秦政所倚重的文法吏,很接近于这种专业文官。然而儒家的"君子治国论",却把拥有古典修养的士人看成治国的首选,他们发挥着大不同于文吏的特殊功能。文吏与皇帝的结合,所造成的是刚性的专制皇权;而"士大夫政治"却塑造了另一种富有弹性的专制皇权,学者或称"儒家专制"或"父家长专制"。这是最能体现中国政治独特性的地方。

二 "奉天法古"与王莽改制

战国法家从"设身处地"的立场,来规划国家的兵刑钱谷事务,他们是现实主义者和实用主义者,其"法治"体现了一种"理性行政"精神。战国儒生就不同了,他们是体制外的文化人、思想家,自可驰骋思绪,想象人类理想社会的蓝图,其对国家行政的理解,远不如法家深刻。汉儒的政治浪漫主义,在西汉末掀起了一个"奉天法古"巨大浪潮,迎来了王莽的复古改制。中国历史上出现过很多次变法,其中王莽变法鹤立鸡群、不同凡响。它是汉代儒学的内在倾向性的一种极端化表现。

汉儒的大量参政,为帝国政治加入了新鲜因素,但"汉承秦制",承秦而来的政治架构并未立即改变;汉家政治精神其实是"杂霸",是"儒表法里"的。汉武帝在意识形态上独尊儒术,在帝国行政中却重用酷吏张汤、赵禹和杜周,他们都是法律专家。汉宣帝很喜欢读法家申不害的《君臣》篇,还公然声称:"汉家自有制度,本以霸王道杂之,奈何纯任德教、用周政乎!"这表明帝国的"指导思想"并未最终定型,因为最高统治者明言"王道"并非至高无上,我们就是要参用"霸道"。

汉儒最初主要是齐鲁的一些民间学者,他们对帝国行政本来是相当生疏的。参政后,不少儒生在努力适应实际政治,使自己官僚化。另一些儒生则不相同,他们对承秦而来的各种制度,对承秦而来的崇奉法律、重用文吏的做法,都看不上眼,觉得汉政汉制与其宏大的理想社会相去甚远,进而提出了"奉天法古"的政治诉求。

图十四　汉代皇帝冕服

"奉天"反映了汉代儒学一个重要变化,就是"神道化"。"天"被说成是能赏善罚恶的主宰,能用符瑞或灾异来奖惩君主。这固然有以神权压皇权的意思,但也使得神秘因素得以干扰政治。汉儒还吸收阴阳家的说法,以五德终始、三统循环说解释王朝更代,每一"德"、每一统都要跟一整套礼仪制度相配合,改朝换代了就得"法古",就要"改制"。改制主要是针对秦制的,秦政之失被认为是秦制之过;秦制不合古礼,儒生呼吁实行经典所记载的古制,把现行的祭礼、音乐、服饰、官名、祭祀、井田、货币、历法、明堂等,照礼书上记载的样子都改过来。

儒生的改制要求,与儒者的来源有千丝万缕的关系。"儒"来源于商周司掌礼乐之官,所以他们特别重"礼",而且将其道德理想和政治理想,都寄托于和具体化于一大堆礼乐仪制之中。在此他们表现出一个很特别的思维方式:特定样式的礼制,不仅是文明的结晶,而且还是仁政的象征,以至太平的途径。有人问孔子如何治国,孔子是这样回答的:用夏朝的历法,乘殷朝的车子,戴周代的礼帽,乐舞采用韶舞,就是了!让古礼复兴了,自然就天下太平了。而且那些礼制大多是主观编排的,具有形式上的整齐性。例如天子官制,是三公、九卿、二十七大夫、八十一元士;祭祀冕服,是天子十二旒,诸侯九旒,上大夫七旒,下大夫五旒,士三旒,等等。这种思维方式,可称"制度浪漫主义"和"制度唯美主义"。它是从象征意义而不是实用意义上思考制度的。

西汉文景之时,儒生就开始倡言"改制"了。汉武帝还真当回事儿,太初年间改了一次,确定汉王朝为土德、以正月为岁首,色尚黄,数尚五,官印用五字,等等,还改了许多官名。汉成帝时,何武倡议把丞相制改为大司马、大司徒、大司空的三公制,刺史也改称州牧。为什么这么改呢？因为经书说"天子三公"，"十有二牧"。符瑞灾异、图箓谶纬之说，也弥漫于社会。有个方士甘忠可和他的弟子夏贺良，鼓吹"汉历中衰，当更受命"。到了汉哀帝，居然就试了一次，搞了一次"再受命"，改帝号为"陈圣刘太平皇帝"，改年号为"太初元将"。坚守"汉家法令故事"的法家文吏，基于理性行政精神，曾努力抵制儒生们盛称的"古制"。可随着社会矛盾的尖锐化，越来越多的人相信，只有"再受命"和复古改制，才是摆脱危机的出路。这种改制思潮，在王莽变法中达到了顶峰。

王莽的信念是"制定则天下自平"，其"制礼作乐"的改革举措，几乎都是汉儒的一向呼吁，并且是以《周礼》《王制》为本而花样翻新的。他重定三统、五德系统，以汉为黑统、为火德，以新莽为白统、为土德；依五德说向排定古帝王次序，寻访其后代，让他们奉祖先祭祀；用阴阳说确定天地郊祀之制，又立九庙以祭祖；建立明堂、辟雍，扩建太学；改革"地里"，以王畿为中心分天下为五部，每部各25郡，天下共计125郡，五部之外还有五域，是为蛮夷之地；按《尧典》的"十有二州"说法而设十二州，后来又根据《禹贡》改为九州；长安改名为"新室西都"，洛阳改名为"新室东都"，以合乎周朝两都之制；又大改官名爵制，设四辅、三公、四将、四少秩、四羲和等，设九卿、二十七大夫、八十一元士，还创造了好多光怪陆离的官称；恢复五等爵，大封公、侯、伯、子、男；恢复古代的井田制，屡次改革货币，实行"五均六筦"等经济措施。

对王莽轰轰烈烈的"制礼作乐"，儒生倍觉欢欣鼓舞。明堂、辟雍之制千载莫明，而王莽几个月就建成了；"周礼"崩坏已久，王莽居然把它发扬光大了。文学家扬雄喜而挥毫，写成一篇《剧秦美新》盛赞王

图十五 新莽铜斛(河南中牟出土)

莽,说是秦朝"刮烧诗书,弛礼崩乐";汉承秦制,依然"帝典阙而不补,王纲弛而未张";而今王莽新政,"帝典阙者已补,王纲弛者已张!"从孔夫子以来,儒术总算得到了一个彻底贯彻之机会,太平盛世从天而降了。

东汉初班固总结说:"秦燔诗书以立私议,莽诵六艺以文奸言,同归殊途,俱用灭亡。"南朝的沈约亦云:"任己而不师古,秦氏以之致亡;师古而不适用,王莽所以身灭。"他们都是有感于历史的奇妙:秦政、新政构成了两个极端。从纯用文吏、遵循"法治"而儒生仅为点缀的秦政,经兼用儒生文吏、"霸王道杂之"的汉政,直到充分贯彻"礼治"理想,而文吏仅为陪衬的王莽"新政",历史仿佛经历了一个奇妙的两极转向。然而王莽"新政"没比"剧秦"长命多少，新莽不久就在混乱动荡中倒台了。秦用法术，其绝对专制和专用法律的做法，与古代文化传统不能完全调适；至于原始儒家的礼治追求，也含有空想性和非理性的因素。王莽变法，就是早期儒家空想性和非理性因素极端膨胀的结果。秦汉律令故事，毕竟是战国秦汉间法家和文吏数百年政治建设的结晶，其中蕴含的理性行政传统，已成为帝国体制的生存基础。王莽全盘抛弃秦汉法制，全力推行"乌托邦"式的变法改制，其失败乃势所必然。

三 儒法合流与儒吏融合

王莽"奉天法古"的改制失败，标志着汉代政治文化的一个阶段的结束和另一个阶段的开始。秦用法术，汉初用黄老，汉武帝、汉宣帝"霸王道杂之"，直到全力贯彻儒术的王莽"新政"，其间各种政治学说此起彼伏，王朝意识形态显示了大幅度的动荡摇摆。但在王莽变法失败后，这不同方向的歧异摇摆，就开始显示出它合力的指向、接近于它的初步归宿了。

东汉初年就看到了转折的迹象。在涉及国计民生的重大政治事务上，从光武帝到明帝都奉行非常现实的政策。例如，废除新莽的官制和货币、精兵简政、释放奴婢、实行度田、减免赋税、赈济灾民、治理黄河和兴修水利、压抑功臣外戚和诸侯王等，有效地恢复了社会秩序和行政秩序。深入体味这些措施，不难感受到一种与王莽"新政"大不相同的现实态度和政治理性。

光武帝崇奖经术，同时又法理严察、严猛为政。史称"世祖既以吏事自婴,(明)帝尤任文法,总揽威柄,权不借下";"明帝善刑理,法令分明。日晏坐朝,幽枉必达";一直到汉章帝,都存在着"吏政尚严切"的情况。史家把此种"吏政尚严切"的局面称为"吏化":"世承二帝(光武帝、明帝)吏化之后,多以苛刻为能。"

因朝廷任文法而重吏政,文法吏再度活跃起来了。尚书台这个中枢机要之所,几乎为文吏所充斥;郡国察举之人,也往往是"辨职俗吏"。东汉初太学还一度得到统治者的重视,有繁荣景象,但在汉和帝、汉安帝的时候,却出现了"儒学陵替""博士倚席不讲"的情况,以致校舍颓敝,变成了菜园子。西汉孝廉察举本以德行取人,东汉初年则增设了"授试以职"之法,郡国对被举者先以吏职相试,试用期间表现出了行政才能,方可察举到中央去。当时有人就抱怨说,如今朝廷上"俗吏繁炽,儒生寡少","儒者寂于空室,文吏哗于朝堂"。社会上弥漫着高文法而轻儒学的风气。王充曾感叹说,现在很多读书人已不拿学问当事了,学完了一部经书,赶紧就转习文书律令,因为长官看重的就是这个。

这就意味着,王莽"乌托邦"式的变法尝试失败,帝国政治发生了新的转向,文吏政治的因素再度强化了。东汉统治者的"经术"和"吏化"兼综并用,等于是向汉宣帝"霸王道杂之"路线回归。故史家有这样的说法:"中兴以来,追踪宣帝","汉家中兴,唯宣帝取法"。法家的"法治"也在与时俱进,可人们仍能辨认出那些一脉相承的东西来,例如"法治"强调循名责实、遵循法律、倚重法吏的特征。在这个意义上,可以说光武帝和明帝恢复了被王莽"新政"所弃置的理性行政精神。

东汉统治者既"爱好经术"又"尤任文法",虽在儒术和礼制上继承了很多新莽的做法,甚至谶纬之学也依然盛行于世,但儒术中那些不

图十六　汉代画像石上的传经讲学场景

切实际的东西,以及谶纬对行政的非理性干扰,则已得到相当程度的抑制。至于儒家的仁政、教化思想,并没被弃如敝屣,反倒更深入人心了。秦政和新政的文法和儒术相互排斥,东汉政治则努力使二者各自在其"适宜"的方面发挥作用。意识形态上崇奉儒术,而兵刑钱谷事务中不弃"吏化",可见"王道"与"霸道"已相互调适,二者在更高的水平上结合起来了。

　　在政治思想层面,也发生了儒术与法术的融合。吕思勉、蒙文通先生都曾指出,中国思想文化在两汉间发生了一个转折,社会改造的宏大理想和对现实政治的整体性批判,是西汉儒学的特点,在东汉却不再为人所重。西汉儒生富于思想创造力和社会批判力,而东汉儒生却更具政治理性和现实感。对现实政治的全盘否定和对乌托邦理想的一意寻求,退潮了。东汉学人反思王莽变法,这时候他们对汉政和王莽新政的态度,就大异于"新政"如日方中时扬雄的那种评价了。比如桓谭就认为秦政固不足取,但王莽"简薄汉家法令,故多所变更,欲事事效古,美先圣制度,而不知己之不能行其事",也是致乱之道。王充对儒生、文吏之优劣进行了出色辨析,指出"文吏以事胜,以忠负;儒生以节优,以职劣",儒生的"轨德立化"与文吏的"优事理乱""各有所宜",哪个都不能少。还有,东汉末社会也陷入危机,可此期士人对危机的回应,与西汉末的"奉天法古"思路却大不相同了:人们转而求助于法术、霸道。章太炎看到:"东京之末,刑赏无章也,儒不可用,而发愤变之以法家。王符之为《潜夫论》也,仲长统之造《昌言》也,崔寔之述《政论》也。"质言之,王莽失败的教训,使早期儒家思想中的不少非理性因素得到了清洗,儒生开始把"法治"和理性行政纳入思路了,承认了其必然性和必要性。

儒法之争,体现在选官用人和官僚成分上,也就是儒生、文吏之争。儒生最初只是一批传承礼乐诗书的民间学者,与文法吏相去甚远。入仕居官后,有些儒生不失学人本色,继续发挥"非常异义可怪之论";但也有很多人适应了官场,开始"官僚化"。既已居职从政,就必须面对兵刑钱谷的日常政务,由此才有望仕途通达。面对着刑德、治乱、藩国、边防、选官、赋税、盐铁等帝国大政,不少儒生做出了新的论述,尽管其中仍不无迂远之论,但比起先秦儒者来,毕竟其思考已大为具体化和现实化了,至少君主要求其见解必须具有可行性。很多儒生开始努力学习文法,从而开启了一个重要变迁——儒生"文吏化"的变迁。东汉王朝转向"吏化",由此儒生的"文吏化"也显示了更大的广度、深度和更快的速度。如王充所说,士人们在粗通经术之后纷纷转习文法,成为时尚。"涉儒学,善律令","敦儒学,习《尚书》,读律令"之类经术、文法双修并重的人,越来越多了。甚至兼授经术、法律的私学,也出现了。颍川郡有个经师荀季卿,以《春秋》、律令为教;还有个经师钟皓,以《诗》、律为教,门徒千余人。连马融、郑玄那样的经学大家,也在同时研究法律。

无独有偶,在儒生"文吏化"的同时,又出现了文吏的"儒生化"趋势。儒学已是帝国正统意识形态了,文吏为求仕途发展而转习儒学的情况,在汉代也与日俱增。这样一来,儒生与文吏又在矛盾冲突中日益接近、彼此交融。汉魏之际的王粲《儒吏论》云:"执法之吏,不窥先王之典;搢绅之儒,不通律令之要。……先王见其如此也,是以博陈其教,辅和民性,达其所壅,祛其所蔽,吏服训雅,儒通文法,故能宽猛相济,刚柔自克也!"尽管这描述富有文学笔调,却可以看成是对两汉四百年儒生文吏关系变迁的一个历史总结。这个"吏服训雅,儒通文法"的过程,造成了大量亦儒亦吏、非儒非吏的政治角色;进而一种以学者兼官僚为主体的政治形态,即"士大夫政治",由此而奠定了基础。英语中"士大夫"被译做 scholar-official(学者－官员)或 scholar-bureaucrat(学者－官僚),也说明身兼二重角色的"士大夫"的存在,是中国古代社会最富特征性的现象之一。

第六章　官吏的选任

官僚组织由官职和官员构成,人员是配置在职位上的。但只认为选官就是"为官择人",即用合适的人员"填充"官职,不足以揭示传统选官的全部真相。因为"人员"也是一支官贵队伍,一个包含多种成分的统治集团。选官制也是社会各阶层的求仕者成为官贵的桥梁,也是调整统治集团成分、分配或争夺权势利益的手段。制度既是政治博弈的规则,也是政治博弈的结果,选官制度概莫能外。选官制度变了,权势和利益的分配格局就变了;反过来说,权势和利益的分配格局变了,选官制度就会变。在选官制的变迁上,能看到很多东西——能看到选官程序由早期的散漫粗疏,而逐步规范化、复杂化;能看到德行、经术、法学、吏能等等标准,形成不同的考核方法;能由不同仕途、不同科目的分类取人,看到不同政治势力的此消彼长;还能看到政治思想的变化,像"孝廉"这样的科目得以设置,无疑出自儒家"以孝治天下"理念的直接影响。那么在选官变迁上,还能看到帝国意识形态的变迁。

一 吏道与功能

在秦与汉初,文法吏曾是帝国行政的主要承担者。与此配套,形成了相关的培训和录用制度及相关法规。今存片断的《置吏律》《史律》《尉律》等,都载有吏员任用的条文。秦朝官署中能看到一种"史子",他们在"学室"中学习,是一种学徒吏。在汉代,这种学徒吏也叫"学童"或"学事"。跟公务员考试相类,汉制,郡守与中央的太史考试学童,所试内容包括八体书法,以及背诵文字学的课本若干千字。考试及格者,便可任命为"令史"之类吏职。官员经考核,若能用通行的隶书写公文,其档案上就记作"史",若这位官员不怎么会写公文,就记作"不史"。由王充叙述所见:世人热衷于学习"史书"(指吏员的书写),研读法律,写作公文,练习对向跪拜一类的官场礼节,在家把这些东西弄烂熟了,做吏后自然轻车熟路。

一些家族父子相承学习为吏之道,官府经常从这些家族中选吏。由平民而为吏,还有"推择"的办法,即乡里推举而长官选择,当然是长官说了算。韩信因为"贫无行","不得推择为吏",可见择吏还有财产和品行的标准。汉代的长官有辟召之权,自行聘用自己的掾属。郡县的丞、尉由中央任命,至于百石左右的掾属,就归郡守、县令自行辟召了。中央的官署,也与此相类。

由小吏而迁大吏的仕途,学者称为"吏道"。走上这条道路,首先得有文法技能,再向上升就靠"功能"了,功绩和能力是迁官的基本条件。汉武帝任用了不少以"能"著称的文法酷吏:赵禹,"上以为能,至太中大夫";张汤,"上以为能,稍迁至太中大夫";义纵,"上以为能,迁为河内都尉"。还有个选官科目叫"治剧"。容易治理的县称"平",难治的县称"剧",能治这种县的人才就是"治剧"。这科目专门用来选拔能干的吏员。

"功"是勤务和功绩的统称。在尹湾汉墓出土简牍《东海郡下辖长吏名籍》中,记载了110多个迁任的实例,其中标明"以功迁"的有70多例,占到了65%。这是西汉后期的情况。可见当时选官,"功"的分量是很重的。汉代史籍中,大量充斥着"功次补天水司马""功次补大鸿胪文学""功次迁河南都尉""积功劳稍稍迁至尉右监""积劳迁为御史"一类记载,汉人对之也有"累日积劳取尊官厚禄""累日以取贵,积久以致官"的评述。累积的功劳都记载在"伐阅"即功劳簿上。有这么记的:"中劳三岁一月","中劳二岁八月十四日","功一劳一,中除十五日";还有以"算"为单位来计算的,"得若干算"等于加分,"负若干算"等于扣分。

秦汉的官吏任用迁转,跟考课的关系非常密切。郡国地方官到

图十七　汉代画像石中的考绩场景

年底就要"上计",派"计吏"携带"计簿"上赴中央,报告生产、税收、财务、户口、刑狱等事宜,接受考课。皇帝经常亲自"受计",丞相具体负责定殿最,御史大夫审查虚实。由某某郡守"治平为天下第一""盗贼课常为三辅最"之类记载,能知道考课是要排序的,这当然很有激励作用。萧何在秦时做过泗水卒史,由于称职而被课为"第一"。东汉由太尉课军事,司徒课民事,司空课水土工程事,刺史课郡,郡守课县。考绩优者,就有望升官。

吏员仕途、功能标准和考课制度,显示秦汉政府的行政水平已略有近代意味了;同时也印证了这一判断:文法吏曾是秦汉吏员的主体。

二　任子与内侍

帝国的官僚靠官位来瓜分社会资源,他们总会有一个愿望:当官这么个好事儿,要是能让儿孙接班、父子相袭才好呢。这时候皇帝怎么想呢?一方面,皇帝期望选贤任能。首先从行政上看,选贤任能才能保障吏员素质和政府活力;进而再从权力考虑,父子间的冠冕蝉联可能形成门第特权,那么皇权多少就被分割、被削弱了——谁当官谁不当官,不完全由专制者取予夺了;我当官是因为我家门第高,而不全出自皇上洪恩。但另一方面,皇帝心底也很明白,他多少得满足官僚的"世禄"心愿,以令其死心塌地为之卖命,要不然他们会转而拥戴别家做皇帝,拥戴能满足其心愿的人做皇帝了。秦汉离"世卿世禄"的时代还不太远,家族宗法观念仍很浓厚,民众也不觉得官僚的"世禄"要求太过分。总之,选官上的特权问题,首先是一个皇帝与官僚的政治合作与权势分割的问题。

汉朝为官僚子弟提供的特权性仕途,主要有如下两种:任子与内侍。所谓"任子",就是吏二千石——相当于郡守级的官僚——以上,任职满三年后,就可以任子弟一人做郎官。霍光是大将军霍去病的同父异母兄弟,就是由"任子"做上了郎官的。又如苏武,"少以父任,兄弟并为郎",可见"任子"实际往往不止一人。西汉哀帝时一度废除了任子,但事涉官僚利益,不得已作罢了。东汉的任子范围又扩大了不少,往往由皇帝下诏除拜,称"诏除郎",也不限于一人,甚至扩大到了孙子和"门从"(同族子弟)。有时为"规模效益",还成批除拜,比如汉安帝有这样的诏令:"以公卿、校尉、尚书子弟各一人为郎、舍人。"郎官是什么官呢?是皇宫里执戟宿卫的士官,由郎中令(后称光禄勋)统领。汉廷习惯从郎官里选拔行政官吏,所以郎署就成了仕途的枢纽之一。做郎官是很荣耀的,汉代乐府中有这样的诗句:"兄弟四五人,皆为侍中郎。五日一时来,观者满路傍。黄金络马头,颎颎何煌煌!"后代把青年男子美称为"郎",其实就是从汉代郎官发端的。而"任子",就是郎官的来源之一。

内侍指皇帝的侍从,有侍中、中常侍、黄门侍郎、给事中、散骑等不同名号。这些名号也用作加官,在本官上加了这些官号,就可以进入内廷侍从皇帝了。侍中要侍候皇帝的起居,包括掌管皇帝的日用品,例如"执虎子","虎子"是皇帝的尿壶。汉武帝曾让名儒孔安国做侍中,为示优待,就没让他"执虎子",而是让他掌"御唾壶",即皇帝的痰盂。当时"朝廷荣之"——官僚们艳羡不已。

图十八　侍从冠上的金珰附蝉
（山东临沂晋墓出土）

内侍的来源，除了士人跟宠臣之外，就是权贵子弟了，他们往往"襁褓受宠位"，年纪轻轻的就做内侍。赫赫有名的大将军霍去病，年方十八就做了侍中，由此青云直上。西汉以名门著称的有金氏、张氏。金氏的发迹始于金日磾，他深受武帝宠信，其子金赏、金建八九岁就做了侍中，与汉昭帝同起同卧、朝夕相伴。史称金氏"七世内侍，何其盛也！"至于张氏，张汤在汉武帝时官至三公，此后张家子弟世世为任子郎、侍中、散骑，其显赫一直维持到东汉初的张纯做大司空。西晋诗人左思有句："金、张藉旧业，七叶珥汉貂；冯公岂不伟，白首不见招！""汉貂"指的是侍中帽子上所饰貂尾。此外皇太子也有侍从，如中庶子、庶子、洗马、舍人等，任其职者"或名儒，或国亲"，既选拔学者好辅导太子，也选拔权贵子弟，陪着太子游处。太子一旦当了皇帝，其侍从当然要弹冠相庆了。内侍升迁，往往比任子郎更为优越。

三　察举与四科

在皇帝与军功新贵、与文法吏共治天下之时，通过任子、内侍和吏道选官，大致就足够了。达官显贵的子弟可以由任子入仕，文法吏

图十九　北魏洛阳宁懋石室线刻画中的珥貂尾形象。貂尾系常侍、侍中冠饰。

则由吏道级级升迁。而随另一种政治势力——儒生士人崭露头角，察举制又发展起来了。

什么是察举呢？简单说就是朝廷设立科目，规定条件和标准，指定官员向朝廷举荐合格者。当然不能说举荐就是面向士人的；但汉代察举的发展，跟士人思想有密切的关系。

察举是从汉文帝到汉武帝期间萌生的。汉文帝曾两次下诏察举"贤良方正能直言极谏者"，是为特科之始。汉武帝元光元年（前134）下诏"郡国举孝廉各一人"，是为岁科之始。从科目看，贤良、方正、孝廉以德行立科，显示了"以德取人"的明确意图。而这正符合儒家德治主张和君子治国观念。汉代察举重德行、选官取孝子,"以德取人"构成了其鲜明特色。进而在先秦儒家著作中,已有"进贤""贡士"思想了。董仲舒曾建议汉武帝行察举,是这么说的:"使诸列侯、郡守、二千石各择其吏民之贤者,岁贡各二人以给宿卫。"质言之,察举相当于"贡士",被视为一种"礼贤"之举,是在士人思想影响下产生的。察举的"举贤"意图和"贡士"性质,体现了对儒生士人的尊重,从其效果看,也是使儒生士人得以源源入仕,由此改变了文吏充斥要津之局。劳榦先生曾说,首创孝廉科的元光元年,是"中国学术史上最可纪念的一年"。察举制不仅推动了汉代儒学的繁荣,而且构成了科举的前身,唐宋科举制就是由察举演化而来的。

不定期下诏察举某科人才的,称"特科";每年定期察举的,称"岁科"。不定期的特科可分两种:一种是"贤良方正"或"贤良文学"等,这种察举要经过皇帝策问,然后分等授官。类似者还有有道、敦朴、明阴阳灾异等等。还有一类特科不经策问,是选拔特种人才的,例如明经、明法、能治河者、勇猛知兵法等。

至于岁科,最重要者有二:一种是孝廉,被举者进入郎署,担任郎官承担宿卫。西汉郡国每年举孝廉二人,东汉和帝改为每20万人举一人。大致说,每年举至朝廷的孝廉数量约二百人。另一科目是秀才,在西汉本来是特科,后来变成了岁举,并因避刘秀的名讳而改称茂才,以州刺史等官为举主。这样,就形成了州举秀才、郡举孝廉的两科并列体制。茂才的察举对象多为现任官吏,举后直接任命为县令、县长等。孝廉的来源则有吏有民。茂才稍高于孝廉。

汉廷选官,在分科取人上形成了"四科"制度。什么是"四科"呢?

就是选官的四个类别及相应标准。第一科是"德行高妙,志节贞白";第二科是"学通行修,经中博士";第三科是"明晓法令,足以决疑";第四科是"刚毅多略,遭事不惑,明足以照奸,勇足以决断,才任三辅剧令"。简言之,也就是德行、明经、明法和治剧四科,标准则为德行、经术、法令和吏能。丞相或三公,须按"四科"标准辟召官属任用吏员。

具体说来,"四科"是长官辟召属吏的标准,进而从总体上看,"四科"也是对汉代选官基本精神的很好概括。像察举科目孝廉、明经、明法、治剧等等,就可以与辟召"四科"直接对应。所以不妨说,"四科"的精神也适用于察举。"四科"大致可分两类:德行、经术之科,是偏重于儒生的;明法和治剧之科,是偏重于文吏的。明经、明法是就专业知识立科的;德行、吏能则是就行为特征立科的。可见,"四科"是汉代选官的结构性特征的集中反映,既体现了汉帝国对官僚资质的基本要求,也反映了帝国官员来自儒生、文吏两大群体的政治局面。

图二十 "长宜高官"铭文铜镜

四　阳嘉新制和以文取人

两汉数百年中，察举制在不断变化、发展之中。它包含着多种选官倾向，呈现了多种发展可能，在特定时期某一倾向得到注重，就导致了选官制的特定变化。那些不同倾向，主要是注重德行的"以德取人"、注重吏能的"以能取人"和采用考试的"以文取人"。最终是"以文取人"，成了察举制的变迁归宿。

从形式上说，察举制是一种王朝设科、长官举荐之制。换言之，其中心环节是举荐。作为比较，科举制是以考试为中心环节的。从取人标准看，汉廷重"孝廉"，选官重孝子，这也有异于科举，科举是以诗赋八股取人的。孝廉察举"以德取人"，来源于、又反过来大大推动了社会的重"孝"之风。甚至出了一些怪事儿。东汉有个叫赵宣的为标榜孝心，穿着丧服在父母的墓道里守丧，一守就是二十多年，成了闻名遐迩的大孝子，州郡闻风而来，聘其做官。陈蕃做太守时起了疑心，结果查出赵宣居然在服中生了五个孩子。陈蕃一怒之下，就以亵渎先人为由，治了他的罪。

以"孝"取人，既是"中国特色"，也是历史早期的现象。社会分化尚不发达的时候，人们就倾向于把"人"作为一个整体人格来看待。"贤"等于说这人"是个好人"。儒家认为百行孝为先，"好人"的各项美德中"孝"是纲，纲举目张；孝于亲者必忠于君，所以皇帝"以孝治天下"，"以德取人"首先要"以孝取人"。儒经所教人的，也是做好孝子贤人的道理。汉儒讲究"经明行修"，"经明"和"行修"是一枚硬币的两面。

但从专业分工和社会分化角度看,问题就不同了。不同职事需要不同技能。判案就需要司法技能,理财就需要财会技能,这不是"孝子"能应付的。精通经书,跟孝敬父母也是两回事。儒家重"人"而法家重"事"。在法家看来,治国要靠文法吏,压根就跟"孝"无关,这就体现了专业意识和社会分化的意识。汉武帝"独尊儒术",创立孝廉科;但汉廷的政治方针是儒法兼综,"以德取人"并非帝国选官的全部,重视功能、"以能取人"仍是常规做法。选官"四科"中有明法和治剧,是偏重强调行政能力的。

即便就孝廉科而言,东汉初年也发生了变化。当时王朝注重"吏化",光武帝便规定,州郡察举孝廉、秀才时必须"授试以职"。就是要求州郡先给候选人一项职务,由此检验其是否"便习官事"、具备吏能,合格者方能察举到朝廷上来。至于"试职"的年限,在汉顺帝时是"吏职满岁",即一年为限,汉桓帝时又增加到了"十岁以上"。汉章帝还下诏申明"夫乡举里选,必累功劳",对州郡所举者"既非能显"提出批评。可知照汉章帝的看法,茂才、孝廉也须"累功劳""以能显"。由于"试职"之法的实行,察举中"以能取人"的因素被强化了。这当然对文吏更为有利,一度造成了"郡国所举,类多辨职俗吏"的情况。东汉郡国察举又称"举吏",也是因为,即使被举者原先不是吏,但既经"试职",也等于是"吏"了。由郡吏取人,强调实践经验和行政能力,这跟考诗赋、考八股的科举制也不相同,是为汉代选官的又一特点。

东汉顺帝阳嘉年间,又一个变化发生了。其时尚书令左雄建议改革察举,对孝廉进行考试。具体办法是由公府主考,"诸生试家法,文吏课笺奏"。即,儒生出身的考经学,文吏出身的考文书。公府考毕,再由尚书省覆试。

"以德取人"注重德行,依赖于举主的了解和社会舆论;"以能取人"注重吏能,依赖于"试职"的工作检验;而阳嘉新制被后人称为"试文之法",它的亮点是"以文取人",即书面考试。这次改革,是察举中出现的弄虚作假而引发的。德行和吏能有可能由举主夸饰,考试却是一种先进的文官录用制度,能更有效地抑制举主夸饰之弊端。所以阳嘉孝廉考试之法,标志着传统选官又上了一个新台阶。在阳嘉之前,察举主要依赖刺史、郡守的个人举荐;而阳嘉之后,察举呈现出两个环节:一是州郡举荐,一是朝廷考试。仅得到地方官举荐并不能保证得官,被举者还须通过朝廷考试的环节。所以阳嘉之制,可以看成察举到科举的过渡形态。

我们看到,到东汉顺帝为止,察举所含有的"以德取人""以能取人"和"以文取人"的不同因素,都获得了制度化的发展。至于哪一个将成为主导呢?还处于探索之中。孝廉考试最初只是一种辅助性的检验,当时不乏反对的声音。反对的理由,一是强调孝廉科的本意是举孝子,实行考试就偏离了设科之本意;二是强调选官应该重功能,能考试的人未必有能力。可见这时的选官制度,其发展方向还是摇摆不定的。但魏晋以下察举,考试环节就越来越重,举荐环节越来越轻了,"以文取人"最终主导了察举制发展,并进化为科举制。

第七章　官僚阶级的士族化

战国秦汉之间，文法吏是官僚行政的承担者和代表者；汉武帝以后，"经明行修"的儒生源源步入仕途，与文吏并立朝廷。汉廷上的政治势力，还有军功集团、外戚集团、宦官集团等等。进而在东汉，一个新的官僚势力——士族门阀——在逐渐崛起，并在魏晋以下造成了政治形态的重大变化。若干大士族在几个世纪中长盛不衰、垄断权势，成了魏晋南北朝最耀眼的政治景观之一。

"官僚阶级的士族化"是如何在东汉发生的？有些学者用庄园经济、依附关系和豪强地主来解释士族的起源；也有人认为，中古士族来自东汉清流、来自"地方名望家"，其崇高门第的根据，在于他们是"共同体"的领导者。

按，古义的"世家"指"世世有禄秩家"，也就是世代占有禄位的家族。禄位是一种政治权势。若把社会权势也纳入观察，则社会权势既可以来自政治地位，也可以来自经济地位和文化地位，"世家"类型是多样化的。官场有官僚世家，乡里有豪族世家，士林中有文化世家。"士族"的特征是"士"与"族"的结合。"士"即士人、文化人。古人又云"学以居位曰士"，"士族"就是士人官僚的家族，他们通过雄厚文化而世代居官，由此建立了崇高门望。士族是一种涉及了政治、经济、文化的综合性现象，在分析上其各方面特征有可以被解析开来的。下面就从"乡里""官场"和"士林"三个场所入手,对东汉的豪右、官族和学门三种类型的家族权势,分别加以讨论,进而观察中古门阀的起源和发展。

一　乡里与豪右

从长时段观察,中古士族现象发生在一个"断裂"之后。周代世卿世禄传统,因战国秦汉的剧烈政治转型而出现断裂,众多古老的高贵世家衰败了,新世家的形成还有待时日。在这个世家的"空档"中,社会一度呈现了鲜明的平民性。西汉尤为明显。皇帝来自底层,功臣们往往出身"亡命无赖",权贵不乏起家卑微者,丞相公孙弘早年就是个放猪的。连母仪天下的皇后,也不避寒贱。汉武帝的卫皇后卫子夫、汉成帝的赵皇后赵飞燕,原先都是歌伎。然而皇帝没觉得丢人,喜欢就娶,谁敢看不起她!可见西汉不怎么讲究门第。东汉就有所不同了:明帝马皇后是伏波将军马援之女,章帝窦皇后是大司空窦融曾孙,和帝阴皇后是执金吾阴识曾孙,和帝邓皇后是太傅邓禹之孙,安帝阎皇后是尚书阎章之孙,顺帝梁皇后是大将军梁商之女。所谓"春秋之义,娶先大国"。皇后的出身也是个风向标,反映了"族姓""门第"观念已浓厚起来。

有一种看法曾被广泛接受:门阀源于两汉地方大姓势力,他们是在宗族乡里基础上发育滋长起来的,因而具有古老的农村结构的根源。

战国社会已存在一些非贵族的豪族右姓,亦称"长家""率敖",他

第七章　官僚阶级的士族化　97

图二十一　东汉绿釉陶楼
（山东高唐固河出土，高143厘米）

们役使子弟、臣妾、徒役、宾客等等各种身份的人，与之形成了主奴和依属关系。汉初自耕农的数量大概是比较多的，但地方上也存在着各种豪族。有丧失了政治权势的六国旧贵族，也有利用权势巧取豪夺的官僚地主，以及由商贾兼并农民而形成的豪族。东汉大土地所有制大大发展了。豪族占有大片膏腴之田，其中团聚了成百上千的人口，称宾客、部曲、徒附等，他们程度不等地在人身上依附于主人，务农之外还兼看家护院，战乱时随时能转化为私兵。东汉出土的陶制或泥塑的宅院、多层楼阁，以及既手持农具又身佩兵器的部曲俑，为了解这种田庄提供了形象的资料。这种以宗族乡里为基础、具有古老农村根源的家族势力,即乡里豪右。

豪族田庄比小农经济规模大,兼农、副、工、商为一体,也有适应生产发展的方面;豪右与依附农一定程度上也相互依存,不仅仅是剥削压迫关系。史书经常站在政府立场,斥责豪右兼并土地、武断乡曲、作奸犯科、隐匿人口等,破坏了地方行政秩序,导致小农的破产流亡。这种情况也是大量存在的。汉代赋役以小农为单位,而且徭役重于田租,所以小农的数量和生计,事关帝国的财源和兵源。"皇帝代表地主阶级利益"的老说法当然也有道理,然而为维护行政秩序和编户体制,王朝也经常打击豪右以保护小农(顺便说一句,拜占庭帝国也有保护小农的政策,其理由相同)。汉武帝任用酷吏的目的之一,就是打击豪右;王莽变法遭到抵制,很大原因是井田制侵害了豪右利益;光武帝大规模"度田"、检核口田,也以豪右为目标。可见帝国与豪右有矛盾的一面。

动乱中豪右经常起兵投机。秦汉之交的起事者还看不出太明显的宗族背景,但两汉之交就不同了,很多豪右、著姓投入天下逐鹿,出现了"部署宾客""举族归命""举宗为国""率宗族宾客聚兵数千"之类记载。光武帝刘秀与其兄起兵时所率领的,就是一个宗族集团。豪右若投机成功,就摇身一变为开国功臣了,进而成为东汉的显赫家族。在汉魏之交,也能看到"名豪大侠,富室强族,飘扬云会,万里相赴"的情况。而若社会稳定,豪右参政就只能通过正常选官渠道了。汉代有回避制度,地方长官必用外籍人,掾属则由长官从本地人士中辟召。一些学者相信,由于豪右的宗族乡里势力,"大姓子弟享有优先任用的权力",成为郡县长官辟举的主要对象,"东汉时期的地方政权在一定程度上是由当地大姓冠族控制的"。这种情况肯定存在,只是其影响到底多大,可能会有不同的估量。

一些豪右并无朝廷名位。人们经常指责豪右"武断乡曲","武断乡曲"的意思就是"乡曲豪富无官位,而以威势主断曲直,故曰武断也"。这类豪右"身无半通青纶之命,而窃三辰龙章之服;不为编户一伍之长,而有千室名邑之役",他们在乡里所施展的是非官方的权力。另一类则是拥有朝廷官位的权贵。光武帝度田时遭遇的抵制,一类来自"郡国大姓及兵长、群盗",另一类就是"河南帝城多近臣,南阳帝乡多近亲"造成的,河南、南阳有很多近臣家族、皇亲国戚,地方官没人敢惹。

前一种非权贵的豪右,纯粹是"古老农村结构"所滋生的,其势力来自大地产和依附农;但单靠这个并不能获得正式权力,王朝选官制度没把大地产和依附农的数量作为任用资格。历史后期豪右称雄乡里的事情依然屡见不鲜,若中央集权足够强大,则他们只能屈服于官府驾驭。如果抠字眼儿的话,严格说这类豪右不算"世家",因为"世家"一词指的是"世世有禄秩家",有官有爵有禄有秩才能算"世家"呢。在讨论各类拥有社会权势的家族时,我们也将之叙为"世家",只是为了讨论方便。后一种官僚贵族豪右就不同了,他们的朝廷禄位像是一架扩音器,让他们在乡里颐指气使、发号施令的嗓音,音量倍增。这类豪右的权势,就不仅仅来自"古老的农村结构"了,也来自官僚政府。这样我们的视线,就得由"乡里"转向另一个场所——"官场"了。

二　官场与官族

在古老的农村结构形成的"乡里"场所之外，专制官僚政治提供另一个活动空间——"官场"。它构成了滋生"世家"的又一个场所，而且能不依赖乡里条件（大地产、强大宗族和众多依附农等）而独立形成"世家"。这类世家可称"官族"。这类"官族"有哪些类型呢？

外戚家族的煊赫在汉代特别突出。像西汉之吕氏、霍氏、王氏，东汉之窦氏、邓氏、阎氏、梁氏，都是一旦专权，则子弟亲党布列于朝廷。这是历史早期"家天下"传统的一种表现。此外功臣也能形成世家。西汉的军功阶层到汉武帝时就衰败凋零了，而东汉则不一样，从龙的元勋中有不少人权势蝉联，甚至与王朝共始终。拿耿氏做例子："自中兴已后迄建安之末，大将军二人，将军九人，卿十三人，尚公主三人，列侯十九人，中郎将、护羌校尉及刺史、二千石数十百人，遂与汉兴衰云。"战国秦汉"世家"传统一度中断之后，外戚和功臣家族的延绵和显赫，首先就让我们看到了"世家"因素的又一轮积累。

进而，新兴官吏中也逐渐积累着官族因素。这也有不同的情况。某些专业性很强的官职常常子孙相袭。早在周代就是如此了，例如史官、贞人。汉初仍有这样的情况。张家山汉简《史律》中，就有"史、卜子年十七岁学"的规定，由此可知史与卜的儿子，满十七岁即有义务学习其父的技能，做"史学童"或"卜学童"。太史掌管着天文历算，需要高深的天文和数学知识。司马谈、司马迁父子相承做太史，爷俩儿并称"太史公"。又如汉代法律浩繁，法学也是很专门的学问，所以法官往往出自"律家",即法学家族。颍川郭氏自郭弘以降,"数世皆传法律",子孙中出了7位廷尉;还有不少担任刺史、侍御史、廷尉正监平的,这些官都是司法监察之职。又如沛国陈氏家族,也是"世典刑法"的律家。

作为官吏基本行政技能的"文法",也有家世相传的情况。酷吏张汤,自幼就跟着做长安丞的父亲学"书狱";于定国之父是县狱史、郡决曹,于定国"少学法于父",后由来狱史、郡决曹仕至廷尉,当上了最高法官。这都是子承父业之例。除了朝廷,州郡县也不乏这样的"世吏"。一些学者拿"世仕州郡"的例子,证明"豪族大姓垄断郡县"。然而他们很多不过是"世吏"而已,未必有多高门望,不宜都看成名族著姓。像刘备,其父祖"世仕州郡",但他幼年时父亲就死了,跟母亲贩履织席为业,没人把他家看成名门;孙坚家族号称"世仕吴",但田余庆先生依然认为,孙氏是"孤微发迹","孙氏门寒,家世不详","无强大的乡土势力可言"。

然而世代居官,毕竟有可能形成门望。新式吏员逐渐变成了社会的支配者,变成了一个官僚阶级,那么世代居官,就意味着世代占有权势、利益、地位和声望。一些家族虽世代居官也没能建立门望,但总会有些家族赢得了社会推崇;一些官员家族两三代就衰落了,但总有些延绵得较为长久。于是,先秦"世家"传统一度断裂之后,汉代又围绕着"官",开始了新一轮"世家"的缓慢积累。像李章"五世二千石",羊续"其先七世二千石卿校",都是最值得夸耀的事情。东汉墓碑吹捧墓主时的"奕世载德""银艾不绝""牧守相亚""将相不辍"等用词,都反映了汉代门第观念所崇尚的,就是官阀。统计显示,东汉三公的家世连绵情况,也是超过西汉的。

概而言之,"官场"中滋生着"世家",而且能在独立于"乡里"的条件下滋生"世家",而且是更有影响力的"世家"。西汉张氏居"金、张、许、史"四族之一,此族始于张汤。然而张汤之父不过是长安丞而已,张汤本人以文法为吏,所以这个家族,基本是在朝廷上发展起来的。东汉大士族,史家多以弘农杨氏、汝南袁氏为称。杨氏虽在汉初就有禄位,但西汉末就已衰落了。到了东汉,杨震年至五十才仕州郡,汉安帝时举茂才,由此百余年无禄位的杨氏,才发展起来。汝南袁氏家族的袁良,西汉末不过是二百石的太子舍人,其孙袁安以县功曹起家,后来官至三公,袁氏由此崛起。无论杨氏还是袁氏,都不是先成为乡里豪右才变成当朝士族的。其家族后来在乡里的权势,倒是从朝廷权势派生出来的。中常侍樊安的例子也很有意思。樊氏乃南阳、湖阳豪姓,而且还是光武皇帝的母家,"封宠五国"、屡居要职。后来樊家一度中衰,弄得地方官都敢上门欺负。为扭转颓势,樊安毅然决然地屈身去当宦官。这一招果然奏效,"是以兄弟并盛,双据二郡,宗亲赖荣"。朝廷势位对维系门望,就是如此重要。

那么,仅仅从"古老的农村结构"中寻找士族的起源,就是很片面的。"官场"构成了另一个世家的摇篮。复杂发达的专制官僚组织,是这个社会中无可匹敌的"巨无霸",它提供了一个更高级的政治角逐空间——"官场",它更为组织化、专门化,从而超越了原生的农村结构。官场中人可以获得更大权势声望,可以调用更多政治资源,建立更广泛的人际关系网,从而以更精致的方式寻求利益。古老农村结构中的乡里豪右,只有与"官场"建立联系之后,才有指望获得更大影响力。

三 东汉的士林

把"官场"看成一个更高级的活动空间,是因为它更组织化、更专门化,超越了"古老的农村结构"。下文所论,则是另一个有别于"乡里"的场所,即"士林"。这是一个由学者文人所构成的文化活动圈子。在这个空间中,也可能出现家族延绵的情况,并与士族的起源息息相关。也就是说,中国史上官僚组织和士人群体两大传统,都不在"士族"这个话题之外。

先秦士人的政治热情,已预示着他们注定要长久地影响中国的政治史。虽然秦始皇的迫害令士人阶层一度凋零低落(刘邦晚年曾回忆说,他早年怕惹祸,不敢念书,可见当时的书禁之严),但中国古文化

图二十二 (唐)王维《伏生授经图》

的深厚传统不会为此长久中断,入汉之后学术再度复苏。汉武帝"令礼官劝学",由丞相公孙弘着手规划,设立了五经博士,还为博士设置了弟子,太学制度呱呱坠地了。这是孔门私学以来,中国教育史上又一个里程碑式的事件。明经入仕者与日俱增,反过来又推动着文教的兴旺。汉成帝时太学生已至三千。因为孔子有弟子三千,有人说皇帝的学生也该有这个数目才是。王莽时太学扩招,诸生更达一万八百余人。光武帝在洛阳重建太学,学士随即"云会京师"。郡国学校,始创于汉景帝末年的蜀郡太守文翁。今天成都的石室中学借重历史的光荣,把文翁郡学视为建校之始。民间私学也日益兴盛,东汉尤甚,"其耆名高义,开门受徒者,编牒不下万人"。经师牟长,弟子著录前后万人;张兴,弟子著录且万人;蔡玄,门徒常千人,其著录者万六千人!从门下学生的数量说,今天没一个大学教授能跟他们相比。

西汉文化重心在关东,首都却在关西,维持着"关西出将、关东出相"的格局;东汉定都洛阳,政治中心和文化中心就由分离而重合了。这是很富暗示性的。与西汉创业者"多亡命无赖"很不相同,史称东汉创业者"皆有儒者气象",好多就是太学生,刘秀本人也是。东汉后期,洛阳太学生达到了两三万人。当时洛阳人口不过三十多万,就是说,平均每十个首都居民就有一名太学生。在东汉的5600多万人口中,京师的太学生占到0.53‰;再加上郡国学和私学师生,文化人口比例在古代世界里大概首屈一指。东汉后期,一批众望所归的名士成为交游的中心,经常聚起成百上千,甚至上万之人。士林活动的范围超越了"乡里"而跨县、跨郡,甚至是全国性的。这从名士葬礼的规模也能看到一斑:郭泰卒,二千里内有士人万数来赴;陈寔卒,海内赴者三万

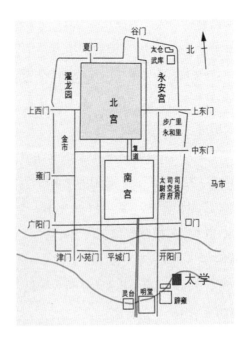

图二十三　东汉洛阳
太学位置图

余人。社会名流的葬礼有这么大的规模,在今天也不多见吧?所以史家传叙士人活动,经常使用"天下士大夫"如何如何、"海内士人"如何如何的笔调。这是先秦以来未曾有过的。

各地都涌现了不少以品评人物而著称的名士。汝南名士许劭和许靖,每月一次在郡中进行品题,于是就有了"月旦评"的佳话,名士郭泰,"经其所名,人品乃定,先言后验,人皆服之"。获得了士林好评就成了"名士",随后公府州郡的辟召察举就会接踵而来了。时人称之为"序爵听无证之论,班禄采方国之谣","位成乎私门,名定乎横巷"。在士林交游得名,往往比获得王朝官爵更能抬高社会地位,结果许多人索性三察不起,九辟不就。不应察举征辟的现象,成了汉末一道亮丽的风景线。"名士"和"品题"现象,使士林左右了社会的声望分配,并冲击了政府的传统文官标准,甚至使王朝选官听命士林。进而"学生运动"这种近代现象,居然也出现了。汉桓帝、汉灵帝时,太学生、士人掀起了清议风暴,"品核公卿,裁量执政",随即横遭"党锢"惨祸,为东汉历史写下了悲壮的一页。

士人由齐鲁间一小批学者,而演变为一个人数众多、文化雄厚、影响巨大的社会阶层,他们的学术研讨、师徒授受、名士交游、人物品题以至政治参与,开辟了"士林"这样一个活动空间。先秦士人分属百家,道不同不相为谋;东汉儒生则是一个同质群体了,具有明确的"群体自觉",并成为豪右、官僚之外的又一社会势力。比较秦与汉初就能看到,汉末的社会结构发生了重大变化,士人阶层此时和未来的重大政治影响,就不奇怪了。

四 学门与士族

"士林"与"世家"的积累是什么关系呢?对"世家"现象,士人的态度中其实是矛盾的。一方面儒家主张"人皆可为尧舜",父祖的门第官爵并不代表子孙的才能品德,所以对"任子"一类选官特权,对"以族举德,以位命贤"做法,对一人显贵则家族俱荣的现象,汉儒都是有批评的。但另一方面,士林本身也存在着"世家",借用时人用语,这种世家可称"学门"。

在先秦诸子那里,"家学"现象不怎么突出。至于汉代,学者曾有一个说法:西汉经学以"师传"为主,东汉经学转以"家传"为主。然依近年一份对两汉约1500名儒生的统计,更准确的表述应该是,两汉经学"师传"和"家传"的比例无重大变化;但因东汉儒生数量大大增加了,所以"家传"的绝对数量,仍是大大增加了。

东汉有一些家族世传经术,又恪守儒家道德。如世传《欧阳尚书》的弘农杨氏,孔融称赞其"四世清德,海内所瞻",张超称赞其"我汉杨氏,作世栋梁"。由于杨家一门经术传世、忠烈成风,此族虽然世居高位、四世为三公,海内士林却认为官得其人。家世三公的,还有世传《孟氏易》汝南袁氏,自袁安以下四世五公,比杨氏更多一公。连清人赵翼都感叹说:"古来世族之盛,未有如二家者!"对这种儒学家族的世代居官,士林舆论不但不视为弊政,反而给了崇高赞扬。名士为人推重,屡出名士的家族自然也为人推重了。荀淑有子八人,"并有名称,时人谓之八龙";贾彪兄弟三人"并有高名",号称"贾氏三虎";许劭、许虔兄弟,并称"二龙";陈寔、陈纪、陈谌父子三人,"并著高名,时号三君"。这些名士家族负海内盛誉,公府州郡礼命不绝。这意味着,在新一轮的世家积累之中,那种兼具官僚与士人身份的家族,将展示最大的发展潜力。

士人接受教育、"经明行修",就可以入仕居官;猎得官场权势,反过来又能强化财富的占有;雄厚的家族财力,又足以保障子孙继续接受教育、成为士人。东汉以来,这种"教育—权势—财富"的循环占有,越来越多地围绕"族"而展开了,就是说呈现为一种"学门—官族—豪右"的循环。在这里,乡里、官场、士林都可能成为循环的起点,甚至仅仅靠官场和士林的互动,就能形成士族;"古老农村结构"中的乡里豪右身份,不是必要条件。东汉士族,大多同时具有学门、官族和豪右的

图二十四 汉代石砚(1978年山东临沂金雀山出土)

特征,可以视为三者的三位一体;至于魏晋以下的新出门户,大抵就是名士与官僚的综合,其来源和形成与豪右的关系并不很大。

"士人官僚"在后代依然存在着,为什么汉晋间他们发展为士族门阀呢?秦汉处历史前期,原生性的社会关系,宗法性、依附性、封建性、私人性因素比后代浓厚得多。人们更习惯于把家族、宗族视为一损俱损、一荣俱荣的单位,对"以族举德,以位命贤"也有更大的容受度。给官僚子弟以入仕特权,人们觉得那是人之常情;屡出贤官的家族,被认为能继续提供德才兼备的子弟。而这时的官僚政治尚较原始。察举制以"推荐"为主要手段,比科举制散漫多了,相对不利于抵制士族现象。东汉有很多"家世孝廉"的例子,例如某张氏家族"七世孝廉",某雍氏家族五世五孝廉,范阳祖氏"九世孝廉",敦煌曹氏五世四孝廉,等等。科举考试则能造成更大的社会流动,对门阀现象是一个有效的抑制。科举制下"家世进士"的比例,小得多了。至于汉代的辟召制,其随意性比察举制更大,为士族子弟的蝉联冠冕留下了更大空间。

汉代官僚政治的不成熟性,还可以从"故吏""门生""同岁"等现象看到。东汉的长官与其所辟召的掾属之间,存在着"策名委质"关系,即个人依附。掾吏称长官为"朝",双方形同君臣;掾吏或长官调迁后,双方仍保持着"故主"和"故吏"关系,即"老上级""老部下"的关系。故主有罪,故吏要尽力营救、周旋于生死之间;故主死掉了,故吏要服三年丧;那三年丧,是与君主、父母同等隆重的丧礼。

"门生"顾名思义,本来是门徒、学生。汉代经师的门徒动辄成百、上千以至上万,他们都要"编牒"(登录于名册)。经师与门生俱损俱荣。门生得尽力侍奉师长;师长死,门生弟子要为之服丧、立碑。当时很多官僚同时又是经师,拥有众多门生,那也构成了他的社会势力。后来不教书的人也有"门生"了,连外戚、宦官都有"门生"。顾炎武干脆说:"愚谓汉人以受学者为弟子,其依附名势者为门生。"汝南袁绍正是凭着家族"四世五公""门生、故吏遍天下"的政治优势,转眼间就成了最大的军阀。官渡战前,其家乡"门生、宾客布在郡县,拥兵拒守"。

汉末还流行着孝廉"同岁"的现象,这是一种同年举孝廉者的互相交结行为。"同岁"孝廉们一起宴饮以结恩好,编制《同岁名》一类名册,名册"上纪先君,下录子弟",包括家庭成员。由此,来自一百多个郡国的孝廉们建立了密切的私交,尽力互相提携。"同岁"死了,别的"同岁"得为他立碑服丧。

故吏、门生、同岁现象都是在"官场"中滋生的,是以官僚政治的存在为前提的,然而它们是依附性、私人性的,具有非官僚制性质。汉代的故吏、门生、同岁现象比后代浓重得多,其滋生和蔓延,显示汉代的官场和士林是"早熟"的,"近代性"和"原生性"并存。若是"官场"和"士林"很不发达,那么豪右的社会分量就会很重,也许会在汉晋间发展出一种强大的土地贵族来;而如官僚政治和文化建制高度发达了,那么官场和士林的"准入"规则,就足以排除家族和门第因素,或将其负面影响抑制到较小,后代的科举制就是那种情况。东汉处于两种情况之间:此期的政治文化体制,不足以充分抑制新一轮"世家"的积累;然而它毕竟大大超越了"古老的农村结构",豪右首先得进入士林、进入官场,转化为士人、转化为官僚,才能获得政治文化权势。

当然,所谓"秦汉的政治文化体制,不足以充分抑制新一轮世家的积累"这句话中,只说到了"不足以充分抑制",却没有说它全无抑制。事实上,东汉政权在稳定运作的时候,大致还能保证"选贤任能"的正常进行,东汉后期还出现了孝廉考试之制,它其实就是科举制的先声。然而随后汉末动乱、王朝解体、三国分裂、五胡乱华,情况就不一样了。此时皇权低落、政权不稳,风雨飘摇之中,各政权都出现了体制上的"退行"现象,士族门阀便在其间迅速崛起。这就是后面的叙述内容了。

第八章　动荡时代的皇权与门阀

重重矛盾之下的东汉王朝衰颓、崩解,随后分裂和动荡成了经常现象,人们见惯不惊。相对于秦汉大帝国,魏晋南北朝呈现为一个政治低谷。这时的皇帝已不像秦始皇、汉武帝那么神气了,专制官僚政治发生扭曲变态,世族门阀获得重大政治权势;"五胡乱华"和十六国林立,使中国北方陷入了长久动荡;少数族入主带来的部族因素,又令政治的"变态"雪上加霜。这个时候,中国历史的另一些可能性露出了苗头,比如贵族政治,比如部族政治。不过北朝胡汉文化制度的碰撞及融合,逐渐孕育出了新的转机。北朝军功贵族所支持的强大皇权,逐渐扭转了帝国的颓势,并使北朝成为这个时代的历史出口。由此出口,中国文明步入又一个盛期,同时也回到了专制官僚制的老路上继续前行。这就是随后的几章中,我们行将叙述的内容。

一　黯然失色的皇权

东汉后期,帝国大厦出现了深刻的裂痕。外戚和宦官轮流专政、争权夺利,造成了无益的政治损耗;士大夫清流和浊流的党争,导致了朝野的离心;官僚世家,成为朝廷上盘根错节的势力,无形削弱了君主予取予夺的权威;豪右大姓的武断乡曲,侵蚀着朝廷的地方控制能力。

图二十五 "苍天乃死"字砖,东汉建宁三年(1976年安徽亳县元宝坑出土)

世入建安,军阀割据而国家四分五裂。魏晋以来士族门阀蒸蒸日上。意识形态开始多元化了,儒学低落玄学抬头,淡化了皇权的神圣性。五胡乱华,给中原政权以沉重一击。昔日疆土分为南北两系。

西汉的瓦解还有王莽来做替罪羊,反莽群雄们很多都打着刘氏的旗号。而东汉末就不同了。一段时间中"名节"还能阻滞权臣的窥盗之谋,但汉室将亡却也成了普遍的社会预期,"豪杰之士,竞希神器","家家欲为帝王,人人欲为公侯"。人们对"汉室"没多少依恋了。一些起义领袖公然自称"皇帝""太上皇帝""阳明皇帝",这是民间蔑视皇权的表现。

黄巾起义利用了"太平道",清人王夫之惊为异事:秦末起义者是

"悲六国之亡",新莽起义者是"思汉室之旧",而黄巾却以"道"为号召,这是前所未有的。宗教的空前发展,为起事者提供了新的组织形式与思想号召。汉魏间五斗米道领袖张鲁,居然在汉中建立了一个宗教政权。他自号"师君",把基层教区分为"二十四治",统治了三十多年,倒也造成了局部的安定。在这以后,托名为李弘(或李辰、李脱、李洪等)而起事的人,"岁岁有之",可统计的不下十多次。所谓"李弘",被说成是老君的许多化名之一。晋代以下,五斗米道转而向上层传播,世家大族中也不乏信徒。东晋孙氏家族世传天师道,百姓敬之如神,教主孙泰借机作乱。北魏僧侣起事的事件屡屡而有之,并利用了"弥勒下生"的信仰。儒教帝国中的这些宗教异端,一时淡化了民众们辐辏于皇权的传统意识。

寺院还占有大量白徒、养女之类的依附人口,梁武帝时官僚有"天下户口几亡其半"的惊呼。这时期的户口亡失,远不只是寺院庇荫造成的。东汉的豪族经济下,豪右"奴婢千群,徒附万计",已使许多依附者脱离政府控制了。三国后期天下户口约767万人,只不过是东汉的六分之一强。西晋极盛时户口1616余万,是东汉的三分之一。刘宋的户口517万,陈朝灭亡时户口只200万,还没北京市海淀区人口多(2004年为224万人)。战乱只是人口衰减的原因之一。两晋间有至少90万北方人口南迁,南方的经济在不断发展,还有不少蛮族融入了汉族,可自吴至陈的三百年中,江南户口几乎没有增长。是什么原因呢?就在于大量人口流入私门。有人估计,魏晋南北朝的依附民数量,约略和编户相等;更有人认为,南朝政府最多只能控制实际人口的三四分之一。基层编户组织,被侵蚀得锈迹斑斑、千疮百孔。国家规模与皇权强弱是成正相关的,风雨飘摇的小朝廷之主,无法与秦汉大帝国的皇帝相提并论了。

曹丕效王莽之故智,以"禅让"的方式取代汉朝。虽然曹氏有扫荡群雄之功,但"篡夺"之举对士大夫所珍视的儒教纲常,仍是一次沉重打击。随后司马氏篡魏,其"做家门"时的卑鄙和残酷,让皇权"膺天顺人"的光晕再度黯然失色。权臣屡篡消解了臣民的崇仰和敬畏:皇位哪里是来自天命民意,不过是强者为王罢了!此后宋齐梁陈的更代,"一依虞夏故事",宣称效法虞舜和夏禹而行"禅让"。禅让的模式,一般是在"做家门"已近成功、实权在握之际,先加"九锡"(九种隆重的赏赐和礼遇),侈陈功德;随后封国称王、建台领录(把持尚书台、领录尚书事)、"都督中外诸军事",再经一番装模作样的假辞让,便正式受禅而龙登九五。冠冕堂皇的禅让像是沐猴而冠的闹剧,梁朝的文人袁淑有《鸡九锡文》与《驴山公九锡文》以为讽刺。形似和平的禅让并不和平,也伴随着血腥的诛戮翦除。梁武帝就曾感叹:"江左以来,代谢必相诛戮,此是伤于和气,所以国祚例不灵长。"除了对付外部威胁,君主还得时时警惕"睡在身边的赫鲁晓夫",甚至疑神疑鬼残杀功臣,"自毁长城"。官员们的动荡险恶之感,也为之大大增加了,他们不能安心事务,还得分出好大的心思来应付党争倾轧。

士大夫今天拥戴这个明天拥戴那个,"将一家物与一家",对改朝换代熟视无睹,腆事新主不以为耻。只有民族大义,也就是保存华夏文物和北向抵抗五胡,还能为政权的合法性提供一些支持。东晋王朝衰弱萎靡,然而得以延续百年,吏民还愿意拥戴这个政权,为什么呢?因为它"割疆场于华戎,拯生灵于宇内,不被发而左衽,系明德其是赍"。心怀民族大义者着意北伐,野心家也经常拿"北伐"做号召。东晋桓温北伐灭成汉、破前秦,威望大增,后来差一点当了皇帝。齐武帝萧赜威望不高,后人也说他"智识凡猥",然而他也知道标榜"北伐"可以自抬身价,所以在十年中举行了5次"讲武"之礼,宣称要效法北击匈奴的汉武帝。汉武帝曾在昆明池练水军,齐武帝东施效颦,"讲武"时把建康的玄武湖改名昆明池。

秦汉三统或五德观念,虽然能为皇权天授提供论证,可也为野心家提供了口实:一个王朝并不能二世三世以至万世,德运变化了就得改朝换代,谋篡者就可以宣称自己是新的一"统"一"德"。曹丕就是这么做的,他宣传曹魏为土德,取代汉之火德乃是名正言顺。不过曹魏改德之时,却没按规矩改变正朔服色。自魏以下,晋号称金德,宋号称水德,齐号称木德,梁号称火德,陈号称土德,同时正朔服色都仍前代之旧。可知时人对三统五德说并不认真,往往以意为之,它为皇权提供不了太多观念支持了。维系帝王神圣性的礼制也松弛了。蜀国和吴国都没按照礼制给祖宗建立七庙。曹魏的宗庙里,竟然尊奉宦官曹腾为"高皇帝",此人系曹操父亲曹嵩的养父,大概是古代唯一一位荣获"皇帝"名号的宦官了。秦始皇、汉武帝的陵墓都有巍峨的封土,曹魏皇陵却"因高为基,不封不树",既没坟丘,也不植树。表面上是崇尚节俭实行薄葬,可曹操、曹丕的《终制》还是说出了心里话:害怕掘墓。可见皇帝们对国祚灵长,已全无信心。西晋的帝陵,都不起陵寝;东晋的皇陵,大多凿于山腰,也不起坟。南朝皇陵起坟者略多了一些,但坟丘的高度,一般不过是汉陵七八分之一。皇陵从大到小,正是一幅帝国盛衰和皇权强弱的示意图。

二　东晋：门阀政治

中古时期皇帝神圣性的下降及其权势的弱化，与"中古士族门阀"是密切相关的。中古士族门阀是一种贵族化的官僚，所谓"贵族化"，是就其高贵身份、家族特权和政治自主性而言的。

从世界史的范围看，在贵族较为强大的时候，王权就不会太强；而当君主寻求专制集权之时，他多半要出手打击贵族。商鞅变法谋求尊君，同时就以削弱贵族为务。英国的培根说过："一个完全没有贵族的君主国，总是一个纯粹而极端的专制国：土耳其是也。因为贵族是调剂君权的，贵族把人民底眼光引开，使其多少离开皇室。"梁启超也看到了同样现象："贵族政治，为专制一大障碍。其国苟有贵族者，则完全圆满之君主专制终不可得而行。"

官僚本来是专制集权的重要条件。虽从概念说，"专制"不必定与官僚相关，但在存在专制主义的地方，一般都同时存在着一大批官吏。但官僚权势与君主集权，也存在矛盾的方面。因为随官僚权势的扩展，官僚将出现身份化、特权化、阶层化、封闭化、自主化，甚至贵族化，那就将分割君主权势了。所以中古门阀与皇权之间，存在"此消彼长"的关系：门阀强了，皇权就弱了；皇权强了，门阀就弱了。那不一定是某皇帝与某人某族发生了个别冲突，而是指一种总体上的权益分配格局。

东汉士族已显示了强大的社会影响。汉末动乱中，名士官僚也是活跃于政坛的实力派，而在秦末、西汉末，我们就没看到类似现象。

魏晋以降的国家分裂、政治动荡,倒为士族提供了发展空间。首先,战乱摧残了社会文教,只有少数官僚家族保存着文化,出现了"教育的家族化";那些保存了文化的家族成员及其子弟,当然是朝廷珍视的政治资源了。进而是"统治集团的封闭化"。因政局凶险莫测,皇帝要尽量从看上去较为可靠的心腹家族中选官用人,统治集团就趋于封闭化了。不光在魏国、吴国,就连偏居一隅的蜀国也是如此。尽管诸葛亮治蜀,后人盛赞其"选贤任能";然而功臣子弟们居官执政的趋势,在蜀国同样昭然可见。就《蜀书》传主做一粗略统计,80多位官僚中有半数以上,其子弟继续做官,有的还延续到了第三代。蜀汉不过四五十年,但"官族"在这里照样源源而生。这是动荡不稳的小型政权的一种本能反应,可称"退行性政策",意思是从大帝国的"法理型"政治形态后退,而更多依赖于私人性、依附性或团伙性的政治结合。

"禅让"形式的政权转移,也给士族的发展拓宽了道路。中国的王朝更迭,也可以看成另起炉灶、清洗腐败的一种自我更新机制。西晋的刘颂,就把改朝换代看成一个"天地之位始定,四海洗心整纲之会"。然而刘颂随即指出,由于魏晋更迭用"禅让",未能"洗心整纲";晋廷所依靠的仍是"先代功臣之胤,非其子孙,则其曾玄",即曹魏的高官及子弟。那么前朝所积累的腐化、老化和世家化因素,就原封不动地带入了新朝;对他们,王朝只能优容、纵容以换取其效忠。由于缺乏一个经战火洗礼而生机勃勃的全新统治集团,所以西晋的腐朽来得分外迅速。"禅让"所造成魏晋间官僚家族权势的连续性,是促成门阀发展的催化剂。

西晋皇室司马氏,本身就是河内大姓。在司马氏政权中,几十家大士族垄断权势。如陈国何曾、颍川荀勖、太原王浑、泰山羊祜、琅邪王祥、河东裴秀等等，都是当世名门。其下还有一批二三流的士族。官僚们开始依门第而分化为不同层次，"公门有公、卿门有卿"，各有各的特权。

西晋时还有个引人注目的现象，就是宗王政治。本来，秦汉帝国是靠法治来维系专制的，不靠宗亲，并以严厉的"削藩"措施抑制诸侯王的离心倾向。可魏晋间"封建"的呼声，忽然高涨了。司马氏决意重用皇子宗王，令其在外都督一方军事，在朝担任要职，所谓"或出拥旄节，莅岳牧之荣；入践台阶，居端揆之重"。唐长孺先生认为，重用宗王表明，在贵族政权下，皇室是作为第一家族凌驾于其他家族之上的。这种"第一家族"的形象，比起秦汉帝国的皇帝来，无疑是一种降格；因为任用宗亲，靠亲缘维系皇权，实是一种非法制化的政治手段，也属"退行性政策"。宗王所招致的"八王之乱"，就显示了这种政策的弊端。

西晋政局其实处于一个微妙的关口，它可能维持优容士族的现状，但也可能逐渐回归集权官僚政治的"常态"。然而此时，北方少数族的发展轨迹，与士族的发展轨迹发生了交叉。"五胡乱华"使洛京倾覆，北来的琅邪王氏等百余家士人，在江左拥戴宗室疏属司马睿为帝。江左微弱的小朝廷，随即成为南渡士大夫发展家族权势的沃土。他们构成了五朝侨姓门阀的基本阵容。东晋由此出现了门阀政治。

参照田余庆先生的概括，东晋门阀政治的基本特征，可以说是"皇帝垂拱""士族当权"和"流民御边"。东晋的建立，全靠琅邪名族王导、王敦兄弟，二人一主政、一掌兵，成为江左的军政支柱。晋元帝司

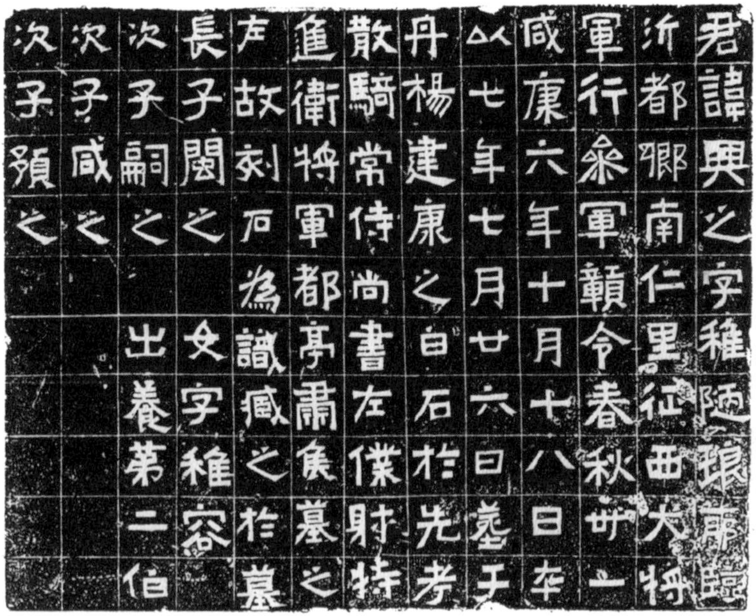

第八章 动荡时代的皇权与门阀

图二十六 东晋王兴之墓志

马睿即位之时,竟然强拉着王导同登御座;王导推辞再四,说是太阳若屈尊与万物并列,苍生就没法儿仰望了,司马睿方才作罢。以致当时有句民谣:"王与马,共天下。"晋成帝见了王导要行拜礼,给王导写信要加上"惶恐言"三字;王导死,丧葬参用天子之礼。东晋与皇帝"共天下"的门阀,先后有琅邪王氏、新野庾氏、谯郡桓氏、陈郡谢氏等。成帝、康帝之时,庾亮、庾翼兄弟号称"冠冕当世"。庾翼将死,请求让儿子庾爰之镇荆州,而何充请用桓温。有人表示担心:庾爰之肯避让桓温么?后来桓温上任,庾爰之不敢与争。可见门阀政治下往往子承父势,政治举措受制于各大族的平衡和盛衰,不是皇帝所能独断的。从晋穆帝到晋孝武帝初,桓温一直占据着上流荆州重镇,"八州士众资调殆不为国家用",还曾把皇帝司马奕给废掉了。孝武帝时谢安为相,是谢氏最盛之时。晋安帝时桓玄作乱,竟然篡夺了皇位,国号为"楚"。史称东晋"朝权国命,递归宰辅;君道虽存,主威久谢"。

东晋的扬州、荆州、徐州、豫州等重镇,大抵由各家门阀把持瓜分。尤其是扬州和荆州,号称"二陕"。下游扬州是中央所在,又是"谷帛所出"的重要经济区;上游荆州"为国西门",兵强将猛,镇守的统帅有时兼督七八州。东晋经常出现"荆、扬之争",其背景就是门阀跋扈、蔑视中央。王氏、庾氏、桓氏家族,都曾长期把持荆州。

北来士大夫称为"侨姓",江东的本土士族如朱、张、顾、陆等,则称"吴姓"。在江左政权中,吴姓士族的地位一直低于侨姓士族,他们曾为此耿耿于怀,但为长远利益考虑,最终仍接受了这一现实。高官要职,南士们只能分享侨姓的余沥。齐高帝萧道成想用吴郡张绪做尚书右仆射,王导的五世孙王俭很不乐意,说是"南士由来少居此职",不能坏了规矩。

宦官、外戚、太后、宗室专权的现象,在东晋却偃旗息鼓了。宦官、外戚、太后、宗室都是皇权的附属物,靠着皇帝才能作威作福;在皇权自身难保的时候,他们也无权可弄了。权臣庾亮执政时,就对数位宗王下辣手制裁,翦除了皇帝赖以自重的羽翼。晋成帝时庾太后一度临朝,不过此时权归庾亮、庾翼兄弟,与其说是外戚擅权,不如说是门阀专政。晋穆帝、哀帝及废帝海西公时,褚太后曾四次临朝称制,那只是权臣擅权时的装饰物。正如田余庆先生所说,门阀政治下,动乱通常并不来自宦官、外戚或宗室的专政。软弱的皇权下这种人无所凭依,难以兴风作浪。

第八章　动荡时代的皇权与门阀

支撑东晋半壁江山的文化士族们不足以负起全部军事责任。不少非高门、非士族的将领承担着江左小朝廷的国防。晋室南渡前后，还有很多千百为群、以宗族乡党相结聚的流民，也由北而南。东晋朝廷任用流民帅为将领，但又对他们心怀疑忌，而流民帅自己也不愿脱离部曲，所以这些人大多停滞在江淮之间。尽管流民武装有时也称兵作乱，但他们强悍善战，构成了江左政权的军事屏障，并成为北府兵的主要兵源。淝水之捷，北府兵之功居多。上游的江陵、襄阳得以成为重镇，也离不开流民之力——这里聚集了秦州、雍州、司州的南迁流民。流民武装是东晋政权一支不可或缺的力量，并将在条件具备时就寻求表现自己。

总之，东汉的士族现象发展到东晋，终于因"门阀政治"而达到了顶点。此期的士族权势之大，人们用与皇帝"共天下"来形容。有人把这种政治状态，定性为"贵族联合专政"或"寡头政治"。不过照田余庆先生的看法，门阀政治只是皇权政治的一种"变态"。就是说它并没在皇权政治之外，另行造成一种贵族政体。权臣擅政，一人得势而家族鸡犬升天的现象，其实在很多朝代都能看到。西汉的霍光、西汉末的王莽、东汉的梁冀，皆是。东晋权臣现象更突出，也跟"乱世"有关，跟那个偏安的小朝廷风雨飘摇有关。又如明末清初的若干南明政权中，也存在着权臣专政的情况。东晋权臣专政的时间较长，其时的官僚确实也门阀化了，形成了一个相对特殊的阶段。但说到底，士族并没有变成完全意义的贵族，也没有造成政体的根本性转型。不妨说对东晋门阀政治，我们一半从士族门第权势来理解，还有一半是从"乱世"来理解的，并不把它视为"常态"、视为一种稳定的政体。

三 南朝:"主威独运"及其限度

北府兵将领刘裕,以其赫赫功业代晋建宋。历史由此进入南朝。刘裕代晋的意义,不止是改朝换代而已,也标志着门阀与皇帝"共天下"局面的结束。

东晋后期的孝武帝,已曾尝试尊君卑臣了。门阀桓玄一度篡位称帝,但也随即就作威作福,没有迹象表明他乐于跟哪家门阀继续"共天下"。换言之,只要有可能,皇权必定寻求集权专制。刘裕来自北府兵武将,是靠着军权和军功夺得皇位的,高门士族中却没能出皇帝。这再度昭示了这个规律:军人、军队和军事活动,是中国皇权的摇篮;军队和战争,是得以激活专制集权的途径之一。南朝皇权强于东晋,盖源于此。学者指出,南朝四朝,都由"次等士族"或在"次等士族"的支持下建立;四朝内部政争,也往往与"次等士族"相关——某些非高门出身的军官,因其祖上有居官记录,被一些学者称为"次等士族"。但"次等士族"不是一个很恰当的概念。像刘裕这类人,径视为军人就可以了。

南朝皇权重振,改变了东晋君主的萎靡和软弱,恢复了驾驭士族的权威,不再与门阀"共天下"了。这样,魏、西晋、东晋、南朝的皇权强弱,呈现为一个中间低、两边高的马鞍形轨迹。南朝史学家称刘宋皇帝"主威独运,官置百司,权不外假",这个评述显然是把东晋门阀政治视为"乱世""变态"的,而"主威独运"则被认为理所当然,不过是帝国正常状态的回归而已。

第八章　动荡时代的皇权与门阀　123

图二十七　齐武帝萧赜景安陵石刻天禄

重振的皇权，随即采取若干措施以自我强化，例如皇子镇要藩、寒人掌机要、武将执兵柄等。刘宋初创，一改东晋的宗室消沉，皇子宗王纷纷出镇荆州、扬州、徐州、江州、雍州等重镇。刘裕定下了制度，荆州以诸子次第镇守；京口要地，与建康切近，自非宗室近亲不得居。宋、齐、梁皇帝，无不如此，各个要州以诸王坐镇。宗王对高官的占有率也在同步上升。魏晋以来三公变成了年高德劭的元老之位，南朝却经常用作少年皇子的加号。宋武帝的次子刘义真，十五岁做了司徒；宋孝武帝的儿子刘子鸾，年方八岁就兼任司徒。陈长琦先生对录尚书事、中书监令、侍中、尚书令仆等八官加以统计，结果显示：西晋世族占

48%、宗戚占19%；东晋世族膨胀到占78%，而宗戚萎缩至占7%；进入宋、齐，世族降至占64%、55%，宗戚升至占19%、38%。门阀世族与宗室外戚任职比例的互为消长，也就是门阀与皇权在权势分割上的此起彼伏。

一些寒人、寒士得到了君主的特殊恩宠和拔擢。中书省有种官叫中书通事舍人，宋齐以来多任以寒人并委以机要，从而成为皇帝的心腹，迁转诛赏等大事，往往与其计议。那些寒人弄权擅政，势凌朝官，以致有"宁拒至尊敕，不可违舍人命"之说。寒人戴法兴擅权，人们编排说"法兴为真天子，帝为赝天子"。此外尚书省的都令史，也经常由寒人担任，具体政务往往操于其手。清代史学家赵翼认为"南朝多以寒人掌机要"的原因，是皇帝不肯假权大臣，而高门又不屑于竭智尽心以邀恩宠，然则"希荣切而宣力勤"的寒人，因其最便于君主驱策，就成了君主的心膂。

刘裕的崛起，也就是寒人将帅的崛起。东晋士族生机勃勃，还是有能力掌兵的，像王敦、庾亮、桓温及淝水之战中的谢氏家族，都曾荷国防重任、系一时安危；南朝士族就不同了，不但治国无术，在帅才军功方面已无足称道。赵翼指出"江左世族无功臣"——宋、齐、梁、陈的名将大抵是职业军人，他们"御武戡乱，为国家所倚赖。而所谓高门大族者，不过雍容令仆、裾屐相高"。

皇权抬头，随即宗室、寒人和武将地位上升，士族的权势空间被相应压缩了。不过士族的雄厚文化、优厚特权和崇高门第毕竟历时已久，他们在社会上依然盘根错节，仍是皇权之下最具影响力的政治势力。从皇子镇要藩、寒人掌机要、武将执兵柄诸项措施中，既能看到皇权的重振,同时也看到了其重振的限度。

在宗王问题上,我们认为秦汉帝王超越社会各阶层,也超越了一己皇族的形象,才是高度专制集权的标志;而以宗亲抗衡士族权臣的宗王政治,终归是一种带有"饮鸩止渴"意味的政治措施。宗王政治在西晋招致了"八王之乱",在南朝也导致了皇族相争和惨烈的骨肉相残。寒人其实就是工具型的官僚,他们掌机要固然给君主提供了得力助手,但这本身依然含有一种扭曲:寒门才俊仍被视为"另类"。正如宋人叶适所论:若在后世,"则(寒人)戴法兴与徐爰、阮佃夫辈,皆士大夫之选,岂得尚为恩倖耶?"被贬抑为"寒人""恩倖",无法成为堂堂正正的"士大夫",这既压抑了其才能发挥,也淡化了其职业荣誉感,使之转而弃名求利;所以"恩倖"不乏贪污受贿、舞文弄法之人,甚至成为动乱的推波助澜者。时人所谓"夫竖人匹夫,济其身业,非世乱莫由也"。再就武将执兵柄而言,南朝的士族权势及其重文轻武之风,仍然堵塞着武将的参政渠道,及其改造政治的可能性。一些武将子弟羡慕文化士族的文采风流,弃武向文,反而导致了家门的衰落。

南朝士族门阀衰而不僵,虽已屈居皇权之下,但仍盘踞在各社会阶层之上,军人、寒人都难以充分发挥其政治活力。南朝的最大困境,就是各阶层、各势力互相纠结抑制、缠腿绊脚,最终没有一支生气勃勃的新兴政治力量从中崛起,进而带动全面的政治复兴。梁朝政权,江左最盛。所谓"逮有梁之兴,君临天下,江左建国,莫斯为盛"。不过梁武帝既扶植宗室,也优容甲族;既任用寒士,也保障旧门;既有意于军功事功,又耽迷于制礼作乐、玄佛文史。他力图调和各种相互矛盾的因素,但未能造就一支新兴政治势力,其繁荣只是非驴非马、破绽百出的"繁荣"。侯景之乱中,梁朝的外繁荣而内腐朽就充分暴露了。时至陈朝,国土蹙狭而政治萎靡,吴姓士族地位上升,土豪酋帅加入政治角逐,但他们的政治号召力都是很有限的。南朝走入了历史的死角。

第九章　士族特权及其政治理念

　　以"皇权与门阀的共治"为特征的门阀政治，只存在于东晋一朝，西晋和南朝都不是。然而士族的政治影响却不止东晋，那么可以另用"士族政治"一词，指称士族的门第特权及相关政治现象。"士族政治"，是存在于整个魏晋南北朝的，不止东晋一朝。

　　官僚的正式权力来自皇帝。皇权的合法性和神圣性，是官僚政治的权威来源和观念支柱。皇帝必须保持对官僚的足够控制力，包括施加升黜奖惩的能力，以维系日常法制和功绩制。而魏晋以下皇权弱化、控制力松弛，官僚士族化、门阀化，于是法纪松弛、散位冗滥、考课涣散等现象都出现了。士族政治的最主要体现就是其选官特权，凭借门第而世居高位，还引发了制度层面的变动，出现了九品官人法等选官制度。与秦朝文吏、汉代儒生不同，中古士族的职业精神是很淡漠的。但他们不认为自己是尸位素餐，而是有哲学依据的，认为那么做合于"自然"、合于"无为"。可见支持官僚政治的文化理念，也发生了畸变。

一 门阀的选官特权与品位特权

秦汉文法吏的晋升,采用"吏道"方式和功能标准;由小吏迁至大吏,本来是没有多大阻隔的。士人参政后政治影响力不断扩大,郡国察举孝廉、公府辟召掾属,都越来越偏重士人了,单纯文法吏的仕途日益狭窄,往往滞留在低级吏员的层次。汉末魏晋,士人阶层的主体逐渐变成士族,发生了"士人的士族化";选官上出现了九品中正制和清途起家迁转等制度。官僚人员管理上,"贵—贱""文—武"和"士—吏"的区分,显著强化了。

保障士族特权的九品中正制,是曹丕在篡汉前夜创立的。这制度的内容,是为各州各郡设置中正,由本籍的朝廷官员兼任,负责定期品评本籍士人。品评的标准是德行和才能,品评形式则是"品"与"状"。"状"是一段评语,有类今天的个人鉴定;"品",是把人品分为从

图二十八　晋"位至三公"铭文铜镜

上上到下下共九品。一品是很高峻的,近乎圣贤之品,实际无人能得、形同虚设,所以二品就算最高一级了。吏部任命士人为官时,必须依据中正提供的品、状;中正品较高者,则所任官职也相应较高;各种官职需要多高中正品的人去做,都一一规定之。士人的中正品若有升降,则其所任官职也得相应调整。比如某人德行有亏,被降品了,那么官也得跟着降。

察举是推荐之制,科举是考试之制,而九品中正制是一种评议之制,被认为源于汉末名士的月旦品题,即人物评价风气。这种名士品题是"士人化"的,其评价标准,不同于政府吏员的文法功能尺度;在选官权力上,它使王朝选官决于士林名士,士人一旦获得士林好评,则公府州郡礼命不绝,是所谓"位成乎私门,名定乎横巷"。从标准和运作两方面说,都对官僚政治造成了扭曲。士人阶层在魏晋发展为士族阶层,九品中正制也在两方面适应了这个变迁。

首先"德才"的评价标准,在形式上依然是"士人化"的,以儒家礼法甚至玄学名士风尚,而非职业吏员的要求作标准。在实际运作中,则以家族权势和士族门第为准,势族高门照例给予上品。再者,从选官权力看,中正不是正式官职而是兼官,被认为是代表社会舆论而非政府部门的,大抵由士族名士担任,那么皇帝予取予夺的权力,有司依法用人的职能,都被削弱了。曹魏西晋士族初兴,中正往往依父祖权势而定子弟之品,造成了"上品无寒门,下品无势族"的情况;东晋以下,直依门第而定品,士族大抵皆是二品,三品以下即为寒士、寒人。"凡厥衣冠,莫非二品,自此以还,遂成卑庶。"不是以严格的考功课能,而是以空洞的"状"、抽象的"品"来决定居官资格,这很适合于士族的

"平流进取"、坐享天禄的政治需要。九品中正制恰好与魏晋南北朝的士族政治共始终,就因为它是送给士族的一道特色菜。

中正提供给吏部的士人资料,还有"簿世",即士人的家世情况。汉代做官的人也得提供父祖情况,好比今天的干部登记表也有父母职业一栏一样。但在门第社会中,"簿世"的作用不止于此。各家士族的门第有异,甚至一族内的各个房支也高下不等,当局在任官时,就得弄清楚士族谱系以确认其门第,于是东晋南朝谱牒之学大兴,出现了贾氏、王氏等专门研习谱学的世家,出现了《百家谱》《十八州士族谱》一类专著。吴姓士族低于侨姓,所以另作《东南谱集抄》以记吴姓。朝廷专设"谱局"以修订和保管谱牒;精通谱学的人,才能在吏部做官。正如唐人柳芳所说:"于时有司选举,必稽谱籍,而考其真伪。故官有世胄,谱有世官,贾氏、王氏谱学出焉。由是有谱局,令史职皆具。"士族家谱竟然成了王朝任官依据,这是士族政治的直接反映。

与中正制相配合的还有"清途"制度,"清途"就是"清官起家迁转之途"。秦汉官制,有职类之别,却没有"清浊"之分。而魏晋以来,有一些特定的起家官被视为"清官",成了士族偏爱的进身之阶,寒门卑贱很难染指,占据其位者"皆是帝室茂亲,或贵游子弟"。自晋以下,清官、清位、清职、清选、清途之类说法,越来越多了;官位清浊有异、起家途径有别的观念,也发达起来。贵游子弟往往先依门第获得上品优状,再由"清官"起家,沿各种清官升迁上去。于是就有了"二品清宦"的说法。

什么官能成为"清官"呢? 一是"清要",即近侍或要职;二是"清闲",很少或没有日常职事;三是"清华",也就是文翰之职。五品的黄门侍郎、散骑侍郎,并称"黄散",即属"清官"。"清官"还有给事中、奉朝请、中书郎、尚书郎、著作郎、秘书郎等官,东宫的太子庶子、太子舍人、太子洗马,等等,因时而异。南朝最重"起家官",它最能反映门第高下。虽然偶尔也有少数寒人武人奋斗了大半辈子,靠皇帝恩宠或个人功绩跻身二品清官,但那跟高门起家就是清官相比,依然大不一样。还有若干"清官",寒人武人根本无缘问津,如号称"甲族起家之选"的著作郎和秘书郎。为让贵游子弟利益均沾,著作郎、秘书郎只干百十来天就会升迁,好给其他贵游子弟腾地方。所以著作郎、秘书郎只是个标榜门第的资格,士族子弟要的就是这个资格。梁陈选官"唯论清浊",由"浊官"转为"清官",在人们眼中往往胜过官品的上升。有个叫杜幼文的,本是四品的步兵校尉,却谋求五品黄门侍郎之职,因为黄门侍郎比步兵校尉更"清"。可见官职的"清浊"程度,与官品并不一致。

安排官品高下就不能不考虑行政需要,让官品与职权大小、统属关系相适应;而中正品和"清浊"与权责统属无关,只是用于维系士族身份。早在汉末,"清"就成了士人自誉之词了,士人称"清流",士人的言论称"清议",士人的文才称"清才",士人的家族称"清族"。中古士族用"清"来形容其高贵身份与文化教养,所以他们习居的官位,也就被称为"清官"了。若某种"清官"被非士族染指,则此官之"清"随即减色,好像弄脏了似的。士族重文轻武、重士轻吏,把恪勤吏事的吏员蔑称为"俗吏",把执干戈而卫社稷的军人蔑称为"将种",所以武职、吏职,多属"浊官"。武职、吏职本来是职类之别,可在士族政治下,它们又有了区分社会身份的意义。所以中正品、"清浊"之制,既区分"贵—贱",又区分"士—吏",又区分"文—武",与秦汉禄秩大不相同了,禄秩是没有身份性的。

"清官"中有很多是无职事的散官。魏晋以降,散官、加衔、名号大大繁衍膨胀了。秦汉大抵是一人一官,而魏晋情况一变,官僚头衔叠床架屋,往往一人就拥有一堆官号。不是说这时的官儿特别能干、一人能胜任几个官职,那些头衔往往是散官加号,与职事没多大关系。它们的主要用途,是提供起家之位,提供迁转之阶,提供一份荣耀,提供一份平白消受的俸禄等等,简言之,其所发挥的是品位功能。中古朝廷的冗官充斥,跟秦汉官制的简练明快,形成了鲜明对比。中国传统官僚管理的一大特点,就是人员结构与职位结构的不对称。朝廷颁授了大量官号,使"官人"队伍变得非常庞大;但承担行政职事的,只是其中一小部分人。若把职位定义为职事与权责的话,那么官号多于职位的冗余部分,主要是作为品位发挥作用的。而人员结构明显大于职位结构的情况,主要是在魏晋以下严重起来的。

士人和文吏,在东汉后期,已初步呈现为两个身份性层次,州郡察举、公府征辟大抵以名士为对象。魏晋以来的中正品和清浊官制度,从制度上再度强化了士、吏之分。南北朝又出现了"流外"制度。流外制度,是受九品中正制影响而来的。在中正制下,中正品二品者属于"士流",三品以下的卑品之人为"吏门"。北魏孝文帝在九品官品之下,又设流外七品,把中正三品以下的寒人所任之官,安排在流外七品之中,称之为"小人之官"(中正品的三品到九品共七等,所以最初的流外品为七品);中正二品以上官,则留在官品九品之内,还宣称九品之内"人咸君子"。官品的流内、流外之别,发源于中正品的高品、卑品之别,也就是"君子"与"小人"之别、士族与寒人之别。南朝梁武帝又创建了一种十八班制,以"班"之高下定官之高下,流内十八班专容中正二品以上官职,"位不登二品者,又为七班",是寒微人士的任官层次。仅从技术层面看,流内流外也有区分高级文官和低级吏员的功能;不过在南北朝时,设流外是为了区分士庶。行政等级被拦腰斩断,在士流与寒人、君子与小人之间划出了鸿沟。身处流内,不仅意味着官阶更高,还意味着门第的优越,甚至教养的优越。

王莽变法时曾恢复了周代的五等爵,一时之事而已。而西晋朝廷,又再度启用五等封爵的制度了。"五等封爵,皆录旧勋",其封授对象,都是西晋的开国功臣及其后嗣,实际就是一次政治大分赃。公侯伯子男五百余国,形成一个庞大的既得利益集团,其食邑总户数多达50多万户。相形之下,司马氏诸王的封户约是57万,可见士族与皇族在瓜分权益上,平分秋色。东晋初又有一批新出门户获封五等爵,加上西晋已有旧封者,就构成江左门阀的基本队伍。东晋初拥有封爵者的49人中,只有13人为南士,又反映了侨姓士族与吴姓士族利益分配的不平衡。此外,汉代的常设将军只有八号,魏晋时将军发展到一百多号,并由军职发展为军阶——其功能类似今天的军衔。不仅武官,文职也经常用军号标志位阶。

秦汉的等级序列只有爵级和禄秩,而世入魏晋,各种位阶迅速繁复起来,变得叠床架屋。中正品、清浊官、散官、加号、封爵、将军号……这些位阶所发挥的,主要是品位功能,即用以安排官僚个人的资格、薪俸、特权和礼遇,而不是安排职位等级。汉代禄秩基本上只是职位的等级,属于"职位分等"。"职位分等"类型的文官等级,是"以事为中心"的。而魏晋以降,官僚等级制高度品位化了,转向"品位分等",这种分等是"以人为中心"的。我们认为,在身份被制度化了的时候,它就将体现为个人的品位。在传统中国,品位性安排的分量,与官员的特权化、身份化、自主性和贵族化程度,是成正比的。赘言之,中古官阶体制的"品位化",其原因在于中古官僚阶级的身份化和士族化。

官僚的身份化和士族化,还导致了国家教育体制的变化。汉代的太学,继承了孔子"有教无类"精神,入学无身份限制,所以容纳了很多贫寒学子。有些穷学生还要靠"勤工俭学"为生,替有钱的学生做饭或外出打工。但西晋的国家学校就身份化了,太学之外另设有国子学,国子学、太学二学并立。东晋南朝,太学进一步衰落,一般只设国子一学。"国子"一词出自周代,指"国之子弟",即贵族子弟。西晋的国子学专收五品以上官的子弟,南朝"国子生皆冠族华胄,比列皇储",皇帝的兴学诏书中,往往有"博延胄子""广延国胄"之辞。周代"学在官府",战国秦汉"学下民间",魏晋南北朝转而"学在家族"了。士族门阀家学深厚,其子弟对入学读书不感兴趣。然而国子学的出现,毕竟是文教制度贵族化的反映。

魏晋南北朝时,察举制度依然存在着。汉代察举是"选贤任能"的,由于这种传统影响,中古的察举相对较多地体现了"选贤任能"精神。秀才科和孝廉科都实行考试,要对策、射策;察举员额平均分配到各州郡,郡有士族,员额并不为之增加;郡无士族,员额也不为之减少。所以察举制并不适合士族口味,不像九品中正制那样便于保障士族特权。在门阀最盛的东晋,察举就徒有其名了,举荐和考试若有若无。一流门阀自有"清途",一般不从察举入仕。察举衰落下去了。

二　官僚政治的扭曲变态

除了选官制度和品位结构之外，魏晋南朝的官僚政治更多方面都出现了扭曲变态。

皇权不稳，权臣屡出，所以一人之下、万人之上的丞相、相国之职，从曹操就"多非寻常人臣之职"了。也就是说，这时候见了丞相、相国之官，就得留神那可能是一位擅政的权臣或野心家。除了汉初之外，汉朝的异姓通常不封王；而曹操自封魏公、魏王，重开了异姓封王之例。在曹操的魏国之内，另设有类似朝廷的一套"魏官"，御史大夫、诸卿、尚书令仆等无不具备，"汉官"即汉献帝的朝官反而成了摆设。此后的"禅代"者，纷纷东施效颦。桓玄封楚王，建"楚台"；刘裕封宋公，建"宋台"。还有，此期的"都督中外诸军事""中外大都督"，有的学者比于后代的"天下兵马大元帅"，往往也是权臣的官衔，凡出现了大臣都督中外诸军事、兼录尚书事的时候，皇帝多半已是傀儡了。刘裕就曾给自己加了一个"中外大都督"。一度乱梁的侯景最有创意，竟然自封为"宇宙大将军、都督六合诸军事"，已事属狂谬了。

门阀势力愈强，则对高级职位的占有率愈高。祝总斌先生的研究显示，西晋的录尚书事一职不算特别重要，东晋的各大门阀，则极力发挥录尚书事的作用，而且"职无不总"，以便居辅政之位而操纵朝政，所以东晋百余年中，此官很少空缺。又如中书监、中书令掌管机务，所以东晋有三分之二的时间里，中书监令兼录尚书事。学者认为，这是"主弱臣强"在官制上的表现。

图二十九 （唐）阎立本《晋武帝司马炎》

魏晋以来形成了都督区制度。都督区本来是一种军区,逐渐兼管民政。其长官官衔的主要形式,是以某将军都督若干州(郡)诸军事,并兼领州牧、刺史。以东晋初王敦的一组头衔为例:镇东大将军、都督江扬荆湘交广六州诸军事、江州刺史。都督所督之州多寡无常,有二三州的,有四五州的,有十余州的,但基本的都督区却相当稳定。曹魏的都督区,合时有六,分时有十;西晋都督区,主要有八。地方由此形成了两套班子,一套是军府僚佐,一套是州府掾属;若以诸王来兼都督、州牧,则其下属还将包括王国属官,形成国官、府官和州官三驾马车。秦汉的中央集权相当强大,朝廷直接号令百余郡国,没有中间层次,可称简洁高效。若逢战乱,就有必要在较大地域内统筹军政了,所以都督区的产生也是时势所需。不过在皇权衰落时,大军政区经常为权臣把持,成为对抗皇权的分权因素,成为个人势力的温床。西晋"八王之乱"中的诸王相争,也表现为各方镇之主的相争。动乱的胜利者司马越,把名流俊异、精兵强将都罗致到其府中,使朝廷成了空壳。东晋著名的"荆扬之争",也是各军区的都督之争。刘宋皇权重振,宋孝武帝为抑制方镇计,分割荆州、江州、豫州而建郢州,目的是削弱荆、扬,"削臣下之权"。虽然这做法导致了"荆、扬并因此而虚耗"的恶果,也在所不惜。这也是个制度扭曲的例子,为应付政治争斗,一种缺乏行政合理性的措施被采用了。

魏晋以来的"州",由监察区发展为一级行政单位,形成了州、郡、县三级制。若加上都督区则为四级。帝国衰微、编户剧减,但行政层次和州郡数量,不减反增。东汉有州13,郡国105;魏晋户口只是汉朝之几分之一,州郡之数却超过东汉。江左五朝不过半壁江山,户口数百万而已,可东晋安帝时有郡235,宋文帝时有州20、有郡233。刘宋豫州的陈留郡,下辖4县,总共只196户;北上洛郡下辖7县,总共只254户。这么点儿人如何管理,不得而知。较之汉代数十万人的大郡,万户的县,真不可同日而语。萧梁后期,州达到了104个,郡达到了586个,有20余州竟然"不知处所",连在哪儿都说不清楚,其实就是个刺史头衔而已,无土无民。州郡之大量增殖,跟冗官散号的大量增殖,其原因颇有相近之处:在那个动乱年份,多送出一顶官帽子,就等于多了一名朝廷的拥戴者,政权的风雨小楼多了一根柱子。不过弊端也接踵而来了:"州郡虽多,而户口日耗矣"。其实君主心里也明白,官僚队伍之"游惰实繁",乃是政治大弊;不过"若闲冗毕弃,则横议无已(官僚们将怨言横生);冤笏不澄,则坐谈弥积",仍是左右为难,束手无策。

侨州郡县制度,为此期之一奇特现象。东晋初年,朝廷为安置北来的流民,专门设置与其旧籍同名的州郡以处之,并为之另立白籍,免其赋调作为优待。为了有别于北方原先的同名州郡,就在那些州郡名称上冠以"南"字。例如北方有琅邪郡临沂县(在今山东),而晋成帝在江东侨置了南琅邪郡,并在江乘侨置了南临沂县。据统计,江左先后设置的侨州有10,侨郡62。侨州郡县可以维系流民的乡里之思,然而同时也是为了维系士族郡望。王仲荦先生指出:倘使琅邪王氏、陈郡谢氏因流寓而变成了丹阳王氏、会稽谢氏,那就等于取消了他们的高贵标志。不过这给地方行政造成了很大混乱,后来不得不实行"土断"以整齐之。

自西晋以来,贵游们大抵贪恋京都的风物繁华,不乐意外出担任地方官,"竞内薄外,遂成风俗"。西晋试图改变这一情况,制订了一个

"甲午制",规定士人都要先仕郡县,有了治民的功绩,才能内补。然而不久就成了一纸空文。江左政权中,出任郡县又成了搜刮求富之途,谁觉得自己太穷了,就请求去做地方官。例如,罗企生以家贫亲老,求为临汝令;王僧达自诉家贫,宋文帝就让他去做秦郡太守,以便脱贫。做交州、广州刺史所榨取的财物,俗称"南俸";做益州刺史所榨取的财物,俗称"西资"。地方官如此捞钱,皇帝都眼红了,也来分一杯羹,向地方官勒索"资献"。地方官的搜刮之举,成了半合法的官俸补充。

秦与西汉的官俸是钱币,到东汉变成了半钱半谷。魏晋南北朝以下,力役和禄田二者,又构成了官员俸禄之大宗。力役就是配给干活的人,禄田就是直接给地种。官员配给的力役,有驺卒、恤、吏、兵、干等名目,不下十多种。至于禄田,中央官给菜田,地方官给职田和公田。陶渊明做彭泽令时,得到了公田3顷,"悉令吏种秫"。这位诗人好酒,想全种上能酿酒的秫;后因妻子抗议,改为二顷半种秫,半顷种粳。而那些给陶渊明种地的"吏",就是配给官员的力役。此期的官府,还通过直接控制劳力、直接经营来保证财政。孙吴、曹魏都曾实行屯田,让屯客、屯兵从事耕作。江左的军府、州府中,都有成百、上千甚至上万的"吏",他们单立为吏籍,终身乃至世袭地为官府承担各种劳务,包括耕作。刘宋诸郡有"大田武吏",年满16岁,即课米60斛。凡此种种,都是官府通过税收提取资源的能力大大下降的结果。让官员直接占有人手和经营职田,就将淡化其行政雇员意识:他行政服务的报酬,反而靠他自己经营,靠自己去挣。政府直接经营便意味着政府的异化:说明它由行政机构变成了一个"生活组织"。打比方说,假如公安部开酒店,教育部办餐厅,以此给公务员发奖金,那还是个纯粹行政部门么?

　　行政的法理化程度下降,还体现在故吏、门生、部曲、私兵等现象之上。"故吏"观念盛于汉末,魏晋以来其势不减。士人若曾被某官辟为府属、做过他的"入幕之宾",那么就是府主的故吏、义故了,成了府主个人势力的一部分。权臣桓温先后开设四府,所辟僚佐大多是才子名流。江左所谓的"门生"往往就是权贵的僮仆,动辄成百上千,而朝廷居然允许这种人以"门生"的身份入仕。很多武将拥有数量巨大的部曲,即私人武装。萧恢由荆州而改任益州刺史,离任上路时携带五万人自随!可见当时私属、私兵的数量之大。这也是汉帝国所看不到的。

　　皇帝内侍和太子东宫官,在汉代是一种起家之途,然而范围很小,不算重要。魏晋以下,这种起家途径的重要性大为上升,而且更制度化了。魏文帝设置了一种叫"散骑常侍"的侍从之官,"天下之士,欲使皆先历散骑,然后出据州郡,是吾本意也"。显然,皇帝想通过与士人建立直接关系,来维系他们对皇帝的向心力。当时士人如有一两次内侍经历,则高迁的可能性就大为增加。晋代的散骑常侍、散骑侍郎,仍是权贵瞩目的"清官"。此外太子东宫的中舍人、洗马、舍人,其品阶比汉代大为提高,成了入仕迁转途径。西晋还有不做东宫官就不能做尚书郎的制度,其用意,就是强化士人与太子的个人关系,以增加对未来的皇帝的忠诚度。在我们看来,这也是一种"退行性政策":在法制无法保证专制之时,转而乞灵于个人化、私属性的效忠。还有一点与秦汉情况不同、值得一提的,是晋廷为东宫配备了强大禁军,总共五个卫率,精兵在万人以上。皇权不稳,太子的护卫也得特别留神,不敢含糊了。东晋门阀政治下,皇权低落,禁军编制也随着衰减;南朝皇权重振,一度又曾有东宫"至实甲万人"的情况。这些禁军算是太子的部曲了。

秦汉帝国的"律令秩序",在魏晋以下大为松弛了。曹魏时就有人指出,"在职之人,官无大小,悉不知法令"。秦汉"明法"传统的衰落,很大程度上是士族的文化偏好造成的。程树德先生指出:"自晋氏失驭,海内分裂,江左以清谈相尚,不崇名法,故其时中原律学,衰于南而盛于北。"与胡族占据的北方相比,江左政权乃是中华文化之所在,但其律学的水准居然不如北朝。东晋权臣当国,实行"镇之以静"方针,对官僚尽意宽纵优容,把"宁使网漏吞舟,不必察察为政"奉为指南。监察制度,也往往是宪纲具在而形同虚文。文化士族很看不起司法监察之职,不愿意到御史台做官,所谓"甲族由来多不居宪台"。然而法网宽弛,倒也使专制主义的残酷性淡化了不少——像捶扑朝士、廷杖大臣一类事情,历朝往往而有;江左朝廷却不太一样,政治宽松,待臣以礼,小贪小罪不深究,颇有"和谐社会"景象。对犯罪官员的杖罚之法制订得较轻,行杖往往只是做样子,被描述为"上捎云根,下拂地足","正从朱衣上过"。意思是装腔作势不真打,高高举起、轻轻落下,只从衣服上擦过而已。

三 玄学清谈的政治理念

士族的门第根据,是其对官位和文化的家族性占有,所以文化是士族的必要条件。单纯的军功贵族、权臣家族、外戚家族等,可以称"世家",可以称"世族",但不应称"士族"。中古士族上承汉末士人,同时其文化风貌发生了很大变化,最有特征性的就是玄学和清谈。

图三十 （唐）孙位《高逸图》中的阮籍，手持麈尾

曹魏正始年间出现了一批贵公子，他们家门煊赫，少居高位，又是当世瞩目的名士、思想界的前卫、魏晋玄学的先驱。其中包括何晏、夏侯玄等人。他们被称为"正始名士"，可算是中古士族的最初代表了。事功派官僚谴责他们"浮华"，魏明帝也曾打击"浮华"。事功派官僚和皇权已本能地意识到，这类人物是专制官僚政治的异化物。有人用"曹马党争"来解释打击"浮华"，但"浮华"的意义远远超出了曹马党

争,司马氏家族成员同样涉身玄谈。"浮华"意味着中古士族带着他们的意识形态和文化风尚,正式登场了。

曹魏建立不久,高官子弟就迅速"名士化"了。同秦、西汉、东汉创业集团的情况比较一下,其间反差是很大的。此后魏末有阮籍、嵇康等"竹林名士",西晋有清谈大师王衍等"中朝名士",东晋初又有谢鲲、桓彝等号称"八达"的名士。同类的名士源源而生,各时期都有代表人物。田余庆先生指出,东晋的主要门阀,包括王、庾、桓、谢,大抵都有一个"由儒入玄"过程,其家庭在什么时候、以何人为代表、在多大程度上由儒入玄,史籍都斑斑可考。汉代士人的崛起与儒学相关,而魏晋士族的崛起与玄学相关。赶不上"由儒入玄"这班车,就成不了门阀。一种政治势力、一个社会阶层的兴衰,竟与一个哲学流派有如此密切的关系。

与汉代经学不同,经学靠师徒相传,老师讲学生背;玄学清谈却是一种贵族式、沙龙式的学问,是在名士小圈子里展开的,是平等自由的思想交流。从文化角度看,玄学,以及中古名士在经学、文学、史学、艺术上的各种成就,都是中华文化遗产的重要部分。但从政治角度说,玄学与中古政治是什么关系呢? 与秦汉的法术、儒术相比,玄学提供了什么不同的政治理念呢? 有人认为,玄学是一种在新形势下维护统治秩序的学说,它用"自然"重新论证了"名教"。但仅用"新形势下维护统治秩序"来回答,未免简单化了。

法家主张绝对专制君主制,儒家主张相对专制君主制;与此都不相同,玄学所推崇的却是"无为而治"的君主。"无为"之君的伟大之处,不在于外在的形迹,而是一种不可名状的神秘境界。西晋玄学家郭象说,圣明的君主应该"无迹","迹"指有形的政治举措和政治成效;

应该"无心",在天下因"乱"而求我为治时,我依然漠然无心而任其"自化";应该"无为",即"以不治治之""治之由乎不治"。虽然多数玄学家都不反对君主制——作为士族,他们也得依赖君主制和官僚制才能生存——但其推崇的,既不是汲汲于法律刑名的法治式帝王,也不是汲汲于礼乐教化的礼治式帝王,而是清静无为、心在山林的道家式君主。我们认为,这种政治理念对专制官僚政治,会起到软化和腐蚀作用;"无为君主论"的深层话语,就是皇帝垂拱,士族放纵。

在汉儒看来,以三纲五常为核心的礼法名教,是至高无上的。而魏晋的玄学家,却揭举"名教出于自然"的论点。"自然"是个与"无"、与"朴"同等的概念。玄学家的"有无之辨",把"无"视作宇宙的本体,"无"为"本"而"有"为"末"。礼乐、法度都属于"有"。那么名教之上,就有了一个更根本的东西——自然。所以只强调玄学家不反对名教,那只是问题的一半,而且还不是重要的一半;更关键的一点在于,由于"自然"具有更高的本体意义,那么名教降格了,失去了最高地位。

道家持历史退化论,认为原生的人类状态最接近自然,因而是最具价值的;礼乐法度出现了,就意味着人类社会衰败了。所以道家主张的"反质""反朴",即返于上古。魏晋出现了一种推崇上古之风,上古帝王的美德正是"无为"。"朴散则为器",在上古之"朴"业已弛散之际,只好让圣人来立官长、立名分、定尊卑、设名教,但不能过分,应该"知止",适可而止,"名"(名教)不能离"朴"太远了。

那些玄远的论说,其实也包含着非常切近的政治诉求。在经历了汉末清议和党锢后,士人们在寻求一种更宽松、更自然的文化环境秩序。而玄学名士又是当朝权贵,他们是为士族寻求宽松的文化环境

图三十一　（明）文征明《兰亭修禊图》

的。士族也是官僚，要依靠帝国体制来保持权势，因此他们不会全盘否定君臣名教；但同时他们又是士人，渴望摆脱政治束缚，向往养尊处优、自由放任的精神贵族生活，不甘心只做君主的专制工具、法制工具、教化工具。低落的皇权面对着拥有特权的文化士族，确实也无力像秦始皇、汉武帝那样，把他们当驯服的工具来使唤。

玄学名士中的激进派，就走得更远了，甚至提出了"越名教而任自然"的口号，发展到了"无君论"的地步。阮籍申说"无君而庶物定，无臣而万物理"，斥责"君立而虐兴，臣设而贼生"；嵇康"以六经为芜秽，以仁义为臭腐"，宣称"越名教而任自然"，不惮于"非汤武而薄周孔"。鲍敬言作《无君论》,赞扬上古无君之世,干脆把君主制说成是灾难与罪恶的渊薮。玄学激进派的矛头,直逼法术、儒术那最核心的东西,即三纲五常。

名教的核心理念是"忠"与"孝"。但"忠"与"孝"并不能完全一致化,难免会发生先顾爹妈还是先顾皇帝的问题。对"忠孝先后"问题,标准答案是"门内之政恩掩义,门外之政义断恩",就是说跨出家门就得"以义断恩"、"忠"先于"孝"、君重于亲。然而中古名士却往往是先孝后忠,重孝轻忠。皇权低落、易主频繁之时,士人是很难以"忠"自立的;他们只关心自家门第,对改朝换代漠不关心,在"忠"上乏善可陈。清人赵翼指出"六朝忠臣无殉节者"。在易代迁鼎之际,士族能有一个半个不忘故君的,已勉为其难,殉主死节就别指望了。重"孝"恰可以用来掩饰臣节之失。很有反讽意味的,是不少以贪鄙著称的官僚,同时又是著名的大孝子。

而且玄学思辨的本身,就偏离了帝国法治。一些事功派指责玄谈造成了虚无放诞,却在驳斥之时不由自主地卷入了哲学论辩,被纳入了玄学的语言和思路。比如,针对玄学家的"贵无"命题,裴颜作《崇有论》以驳之,对宇宙本体作出了一个有唯物论色彩的解释,进而谴责玄谈造成了风纪陵迟。然而这种讨论本身,是否就是一种政治困境呢?振作帝国法制、官僚风纪时,需要从宇宙本原谈起,政治问题被转化为哲学问题。假如用辩证法指导打乒乓球,用唯物论指导卖西瓜,事情还讲得清楚吗?商鞅致力富国强兵,秦始皇统一天下,汉武帝开拓疆土,乃至北朝拓跋政权的政治振兴,都用不着操心宇宙的本体是"有"还是"无"。中国政治是一种"意识形态政治",意识形态一般都包括对天地人关系的整体建构,所以对天地人的不同看法,就有可能危及政权的合法性与合理性。进而,政治论辩采用了哲学论辩的形式,也是士族权势的反映;士族将其特有的话语形式强加于政治,导致了政治行政资源的无谓消耗。

玄学突破了正统儒教,其对"自然"的推崇,也包括对人的价值、天性和自由的更多关注与肯定;魏晋以降"学在家族",在动乱飘摇中,也确实就是士族阶级维系和传承了中华古文化,系一缕于不绝。然而玄学又是士族的意识形态,对于专制官僚政治,玄学的政治理念具有一种消解、弱化和侵蚀的作用。这种作用,不是用"玄学在新形势下维护统治秩序"就能概括得了的。士族名士虚无放诞、热衷玄佛文史,"居官无官官之事,处事无事事之心",消耗了巨大政治资源,所提供的行政业绩却并不相称。过分优越的特权,使士族腐朽下去。南朝士族已渐疏远了军国大政,以致齐武帝有这样的轻蔑:"学士辈不堪经国,唯大读书耳!"据颜之推的记述,士族王复性格儒雅,从不骑马,见马嘶喷跳跃,竟心惊胆战地说:这分明是老虎,哪里是马呢!梁末侯景之乱中,士族"皆肤脆骨柔,不堪行步;体羸气弱,不耐寒暑。坐死仓猝者,往往而然"。其场景何其可悲。颜之推还谈到,"梁朝全盛之时,贵游子弟多无学术"。则安富尊荣已久,士族连学术也逐渐丧失了。

第十章　集权官僚政治的维系和进展

我们把中古士族看成一种贵族化了的官僚。就"贵族化"而言，士族现象看上去像一种"倒退"。比如说，中古时代显示了与春秋贵族时代的某种相似性，春秋列国政权和江左政权，都由若干"世家"世代占有权势。不过，从来就没有真正的历史重演。有人把魏晋视为一个"封建化"时代，拿它与西欧的"中世纪"相比。不过秦汉帝国留下了两份遗产，它使中国中古的所谓"封建化"，不可能重复西欧中世纪的历程与出路。这两份遗产，一是官僚阶层及专制官僚制度，二是士人阶层及其文化传统。二者共同维系着中国历史进程的连续性；而欧洲的古代与中世纪，并没有这两样东西贯穿其间。

士族是在官场和士林的互动中滋生的，其特征是对官职和文化的家族性垄断。可见，士族也是上述两个遗产的产物，只不过发生了"畸变"而已。秦汉帝国留下了一个"政治文化模板"。相对于这块"模板"，门阀政治只是皇权政治的"变态"，士族政治也只是官僚政治的"变态"。皇帝的心底珍藏着秦汉大帝国的历史记忆，若有可能，他们就将再度伸张君权，再现秦皇汉武的无上威严。而在官僚那里，无论是儒家纲常名教还是法家明法考功，依然具有原则上的正当性。那么士人呢？他们依然得自幼读儒家经典，而儒家"人皆可以为尧舜"的信条，不是以门第，而是以德才评价人的，要求向平民中的贤者开放入仕之门。

20世纪的中国史研究,是被"阶段论"或"分期论"所主导的,人们努力发掘着各时代的特殊性;而本章的阐述,则将把视线转向那些一脉相承的东西,转向连续性。

一 空话不空:官僚政治话语

帝国体制的维系,要以一种政治文化秩序为基础;魏晋江左的士族文化和玄学思潮,把这个基础侵蚀得锈迹斑斑。然而与之同时,维系君权、礼教和法制的说法和做法,让我们看到了问题另一方面。那些申说尊君卑臣、名教礼法、选贤任能、信赏必罚的言论,依然经常出现在君主诏书、臣工奏议之中。它们构成了另一种"官僚政治话语"。这样的声音在当时变得空洞了,在士族名士那里较少回响,似乎只是套话、废话、空话;不过空话不空,说跟不说还是不一样的。只要它们经常被重述申说,就表明秦汉帝国的政治文化传统不绝如缕;眼下它们只停留在纸面上或口头上,但在可能的时候,就将显示真正的影响。

对清谈放诞造成的法纪弛坏,在曹魏就不乏抵制谴责。夏侯玄等人号称"四聪""八达""三豫",以"浮华"著称,而魏明帝"以为构长浮华,皆免官禁废"。董昭、刘寔等人也挺身而出,要求朝廷循名责实、抑制"浮华"。西晋士族蒸蒸日上,然而这时又有刘颂、刘毅、李重、傅玄等一批事功派官僚,发出了"清议"呼吁。面对"纲维不摄""清议不肃"的风纪颓败,他们主张"肃风论而整世教""立吏课而肃清议"。这是对萎靡苟且的官场弊习的回击。其时还有王昶、杜恕、刘寔、刘颂、杜预、试图强化考课,以期改变无所事事、虚谈妨务的局面。九品中正制造成了选官重门第、中正操铨柄,而李重、卫瓘、司马亮、段灼、潘岳、孙楚、王沈等,都对之提出了尖锐批评。刘毅的《请废九品疏》,直斥九品中正制为"奸府""弊政"。后人经常引证的那句"上品无寒门,下品无势族",就出自《请废九品疏》。

有人说玄学家不反对名教,玄学理论是为了巩固统治,然而当时很多政治家并不这么看。与玄学家的"贵无"论调针锋相对,裴颜写作了《崇有论》。这不只是一篇单纯的哲学论文而已,它还具有强烈的现实性,所针对的是玄学名士,是他们的"口谈虚浮,不遵礼法,尸禄耽宠,仕不事事"。洛阳倾覆、北方沦陷,又引发了东晋士人对"清谈误国"的痛切反思。范宁把王弼、何晏比于桀纣:"蔑弃典文,不遵礼度,游辞浮说,波荡后生……遂令仁义幽沦,儒雅蒙尘,礼坏乐崩,中原倾覆!"卞壶、应詹、熊远、陈频等也有类似议论。还有多年致力北伐的权臣桓温说:"遂使神州陆沉,百年丘墟,王夷甫诸人,不得不任其责!"他们对玄学清谈的斥责是否公允,是另外的问题;但将那些斥责归结为"官僚政治话语",应无疑问。

士族的风气是"望白署空",是称清尚。恪勤匪懈,终滞鄙俗",勤政敬业的人遭其鄙视。然而精勤吏职、效忠国家的官员仍有人在。有个历史小花絮:清谈家王濛、刘惔与支道林去看望何充,何充照旧埋头公文。王濛约其拨冗谈玄,问他何必埋头不起?何充的回答颇为辛辣:我不看公文,你们这些人靠什么生存!无独有偶,有一次桓温全副武装,冒雪围猎习武,刘惔又加以嘲笑,桓温回答说:我不如此,你们哪有机会闲坐清谈呢!自江左以来,宰相多以文辞自娱,对政务马马虎虎,而南朝何敬容感于"晋代丧乱,颇由祖尚玄虚,胡贼殄覆中原",不畏讥笑、独勤庶务,由此得到了史家姚察、王夫之、李慈铭的赞扬。

高门华族在仕途上"平流进取",自以为理所当然。然而其时的君主诏书中,通行的仍是"选贤任能"论调。仅以刘宋为例,宋文帝《遣大使巡行诏》:"愿言傅岩,发想宵昧";《求贤诏》:"遗才在野,管库虚朝";宋孝武帝《举才诏》:"四方秀孝,非才勿举";宋前废帝《求才诏》:"结梦庖鼎,瞻言板筑"……又宋明帝《求贤才诏》《搜括隐逸诏》,宋后废帝刘昱的《广荐举诏》,宋顺帝的《求贤才诏》,大抵都有举用"隐身牧耕""草泽遗才"一类指令。尽管那些话往往只是一纸空文,然其背后却是一个悠久的传统——秦汉的"选贤任能"传统。同样的话语也见之于臣工奏议。南朝的孔宁子主张"才均以资,资均以地",把才能、资历的选官标准置于门第之上;周朗主张"当使德厚者位尊,位尊者禄重,能薄者官贱,官贱者秩轻",把德行、才能当作授予禄位的依据;又裴子野《宋略》:"道义可尊,无择负贩;苟非其人,何取士族!"这些言论,都不认可士族的居官特权。

值得注意的还有法术之学。法术是一种君主专制、中央集权和官僚政治的理论。战国秦汉时,儒法两派一主礼治、一主法治,形同水火;但魏晋以来,源于道家的玄学兴盛起来,恪守经义者被蔑称"俗生",擅长文法者被蔑称"俗吏",所以法术转而与儒术联手了,以共同抵制道术。三国曹操、诸葛亮、孙权等,都有浓厚的法治倾向。葛洪是个道教徒,然而也有这样的言论:"世人薄申韩之实事,嘉老庄之诞谈,然而为政莫能错刑。……道家之言,高则高矣,用之则弊,辽落迂阔!"晋元帝不愿忍受权臣跋扈,试图"用申韩以救世","任刑法",还赐给皇太子一本《韩非子》让他去念。东晋的李充、王坦之崇尚"刑名",有人把他俩算成玄学家,然而他们的意图却是排抑虚浮,跟玄学家不一样吧。南朝齐武帝策试秀才,试题公然采用法家论调,扬言要先务"耕战",等到收复失地、国富民强之后再谈文学不迟。起草这份策题的王融,自称"习战阵攻守之术,农桑牧艺之书,申商韩墨之权,伊周孔孟之道",儒法兼综的倾向灼然可见。于是我们看到,就是在崇尚靡丽浮华的南朝,仍有人读法家之书,崇法术之学。

政治学理论表明,集权官僚体制的演生动力,必定首先来自君主,来自其谋求专制集权的意向。魏晋以来皇权低落,但君主的集权意向并未消弭。魏氏三祖,即曹操、曹丕、曹叡,都有法治倾向,都曾打击"浮华"。司马氏政权一向被说成是门阀的政治代表,然而晋武帝在维系专制官僚制度上,绝不是无所作为。清人王夫之这样概括:"晋武之初立,正郊庙,行通丧,封宗室,罢禁锢,立谏官,征废逸,禁谶纬,增吏俸,崇宽弘雅正之治术,故民藉以安;内乱外逼,国已糜烂,而人心犹系之。"对事功派官僚的"清议"呼吁、对九品中正制的斥责言论,晋武帝均加赞扬优慰,从而显示了他的两面性。东晋桓玄篡权称帝,随即就让百官为大政献策,当时官员们提出了修庠序、恤典刑、审官方、明黜陟、举逸拔才、务农简调等建议。而这类建议,无论在前朝、在后代都屡见不鲜。就连一向优容权贵士族的梁武帝,也有如下言论:"设官分职,唯才是务","人无贵贱,道在则尊!"

中华帝国的典型政治形态,是专制君主与官僚政治的结合,而不是与士族政治的结合。在上述"官僚政治话语"中,能看到一个"政治文化模板"的存在。甚至可以说,在整个中华帝国中,一直存在着这样一个模板,它是各种波动、变态所最终趋向的东西。在"阶段论"或"分期论"的主导下,人们全力发掘士族政治的特殊性;然而阐释某时代的"个性"之时,不该忽略了各朝代的"共性"。那个政治文化模板,事实上也是时代特征的重要方面,它昭示了什么才是中华帝国的"常态",并预告"变态"最终将回到"常态"上来。

二 冰层下的潜流:官制和法制的进化

魏晋以来的官僚政治虽已萎靡扭曲,但官僚制度依旧处于缓慢的进化之中,冰封的江面之下,仍是流淌不息的江水。在政治上看,汉唐间的魏晋南北朝是两个波峰间的波谷;但从制度上看,魏晋南北朝却是汉唐制度的中介或阶梯。"政治变态"与"制度进化"好比是两匹拉车的马,它们各往不同的方向使劲儿。假如你只盯着"政治变态"那一匹马,没留神另一匹马,就会奇怪这车怎么朝不同的方向驶去了。那么下面,就来看看"制度进化"这匹马吧。

三省制的形成,是此期中央机构的重要进步。秦和汉初实行丞相制,西汉末丞相权力一分为三了,变成了三公制。东汉三公是太尉、司徒、司空。祝总斌先生概括说:魏晋南北朝三省制发展起来,"宰相机构和秘书、咨询机构的发展和完善,为隋唐三省官制的出现准备了条件"。

东汉尚书台权力大为上升了,但依然"文属少府",即形式上从属于九卿之一的少府。尚书令只是千石之官,低于中二千石九卿。曹魏时尚书机构就正式独立出来了,并名之为"省",其职能略同于今天的国务院。尚书令官居三品,而且列在同为三品的九卿之前。晋代尚书令已具宰相之权势,其机构不断扩张。东汉的尚书台令史不过21人,西晋则正令史达120人,书令史达130人,增加十几倍。南朝齐梁的尚书令史更达700人之多,增加了三十多倍。梁代尚书令的官阶是十六班(相当正二品),陈代更高居一品。由此,秦汉九卿让位于诸曹尚书。晋代出现了"九寺可并于尚书"、九卿"职无所掌者皆并"这样的论调。列曹尚书,有时五人,有时六七人,诸曹的尚书郎则在二三十人左右。大约在宋齐之间,尚书与尚书郎间形成了明确的分领关系,一位尚书领若干名尚书郎,尚书郎各有其职。这就是隋唐六部二十四司体制的直接来源,并为历代沿用而不废。六部与九卿,在政务上也变成了上承下接关系。

中书省与门下省相继而起,与尚书省共同构成隋唐三省制的前身。曹魏时尚书省发展成为国务机构之后,皇帝让中书省接替尚书省的机要秘书之任。中书监和中书令主持起草诏书,"掌机衡之任"。西晋的荀勖守中书监,后调任守尚书令,史载其"久在中书,专管机事。及失之,甚罔罔怅恨。或有贺之者,勖曰:'夺我凤皇池,诸君贺我邪!'"尚书令、中书监都是三品官,而且尚书令排在中书令的前面;但因中书省掌"机事",与皇帝更密切,所以荀勖恋恋不舍。后代仍用"凤凰池"指代中书省,唐人王维有句:"朝罢须裁五色诏,佩声归向凤池头。"中书省的官吏有中书侍郎、中书舍人、中书令史。南齐的中书舍人还形成了舍人省,"天下文簿板籍,入副其省,万机严秘,有如尚书外司"。陈朝"国之政事并由中书省",已是一个两百多人的大机关了。

侍中本是皇帝侍从,西晋时发展为门下省,有侍中四人,还有黄

第十章 集权官僚政治的维系和进展

门侍郎、散骑常侍、给事中等官职。侍中的责任是切问近对、拾遗补阙,还可以平尚书奏事,有时候竟可左右皇位继承和大臣人选。晋武帝时齐王攸不得立、张华不得相(不得为尚书令),就是侍中冯紞捣的鬼。门下省审议章奏诏命,行使"封驳"权力。尚书省上奏和皇帝下诏,都须经门下省的审核签署;皇帝"敕可"的诏书草稿,先交门下审署,然后呈上皇帝再次画"可",才能交付有司,生效执行。《文馆词林》收有南朝诏书29道,无一不冠以"门下"。若门下机构认为上奏或下诏有不妥之处,有权将之封还,让当事者修改重做。东晋简文帝病危,迫于桓温权势,下诏让他比照周公"居摄";侍中王坦之接诏后即持诏入内,当着皇帝的面毁掉了那份诏书。简文帝说,我做天下之主不过碰了运气,你干嘛那么认真呢?王坦之的回答斩钉截铁:这天下是先帝传下来的,您不能一个人做主(把它让给别家)!桓玄称帝时,曾下诏允许"沙门不敬王者",结果诏书四下,而门下启奏四上,方才勉强通过。汉代本来也有丞相封驳诏书之事,南朝的封驳,比汉代大为制度化了。

隋唐三省分工,是中书草诏、门下审议、尚书执行,分工明确而制衡严密。对这个精致的架构,后人多所赞扬,而它是经魏晋南北朝发展而来的。

顺便说,对三省制度和门下省的封驳权力不能夸大,不能夸大到否定中国皇帝的专制主义性质的程度,或把它看成"贵族政治"的表现。专制主义不只是一种决策权,还包括对臣民的生杀予夺权力,而三省分工和门下封驳之制只是一种决策纠错机制;其功能是让专制集权在政治理性的基础上行使,并没有超越专制集权。

秦汉的"律令秩序"在魏晋以降锈蚀了,出现了法纪松弛散漫的情况。然而法制本身并没有驻足不前,仍然有若干进步可圈可点。比如律令分途。汉代的法律形式是律、令、科、比。跟后代相比,汉律还存在着律令不分、礼律杂糅的问题,即刑律、行政法规和礼乐制度杂错交糅,在部类划分上界限不清。这显示汉律还有原始粗糙的方面。而魏晋法制实现了一个重大进步。魏明帝制成魏律18篇,把刑法的条文尽量纳入其中;晋武帝时又制订了《泰始律》20篇,由此使"律"的内容集中于刑律;行政制度的内容另行置于"令",即《晋令》40卷中。汉代律、令不分问题,至此大为改观。章太炎先生评论说:"由是'律'始专为刑书,不统宪典之纲矣!""律以正罪名,令以存事制","律"是刑法,"令"是行政法,二者的性质被清晰界定了。学者赞扬说,魏晋律、令分途"在中国法史上具有划时代的意义"。晋朝还制定了《晋故事》三十卷,是各个官署的日常行政规程;还制定了"晋礼",是王朝各种礼制的汇编。帝国所依赖的各种典章,其部类划分大为合理化了。

唐朝的法律分律、令、格、式四类,"律以正刑定罪,令以设范立制,格以禁违正邪,式以轨物程事"。这个体制不是凭空而来的,在南北朝已有先声。曾有一种说法,认为梁律、陈律比起宋、齐以至晋律来,没多大发展。近年学者的看法已经不同了,指出梁律在篇目、刑名都有了较大变化。梁代曾把"故事"的形式改为"科",制订了《梁科》。又,西晋已有了"格"之形式。赵王司马伦篡位时,曾制订"己亥格",大约是个论功行赏的章程吧。梁朝有《梁勋选格》《梁官品格》《吏部用人格》等等。西晋还有《户调式》。唐代的"格""式",其性质与晋之"故事"相去不远,都是与各官署之特定职能相关的行政规程。从汉代"律令科比体制"到隋唐"律令格式体制",魏晋南朝的进步构成了中间环节之一。

此外,晋代法学家张斐、杜预为律作注,使法律概念大为规范化了,是法理学的重要进步。张斐的《律表》,被认为开唐代"律疏"之先河。又如刘颂,提出了律令名例若无规定则"皆勿论"的主张,这比西方学者"律无明文不为罪"的观点,早了一千余年。

三 选官中央化和考试制度的进展

中古士族政治最核心的内容,就是士族门阀的选官特权;但不能认为,中古选官制度可资称说的地方,只是士族选官特权。这时期选官体制的另一些变迁,包括考试的发展,还具有一般制度进步的意义,甚至强化中央集权的意义。

魏晋士族获得了重大选官特权,然而很有意思的是,这种特权的获得也伴随着选官权力的中央化。这个变迁上承东汉。汉人若想做官,其途径有郡县吏员积功升迁,以及州郡察举、公府征辟等。地方长官的自辟掾属和察举属吏权力,曾经是很大的。但随公府掾属成为辟召的重心,以及孝廉科实行了中央考试,选官权力就开始向中央集中了。

在魏晋南朝,"选官中央化"没有停止步伐,而是继续推进着。尚书省吏部成为铨叙的中心。正像魏晋傅嘏所说:"方今九州之民,爰及京城,未有六乡之举,其选才之职,专任吏部。"当时夏侯玄也指出了"铨衡专于台阁"的情况。一份统计显示,两晋南朝由吏部"直接任命"

而起家的人，约占入仕者的半数；由察举和学校考试入仕的，占1/4；州郡县吏积功升迁的，占14%；公府掾属入仕的，占1.2%。另一份统计则表明，两晋高级士族子弟由吏部铨选入仕的，占50%。由吏部任命而起家者比例大增，就可以视作选官权力向中央集中的表现。其实察举、学校与公府掾属入仕者，也归吏部掌管；尤其察举和学校入仕者还要经过考试，而考试是由朝廷主持，在首都进行的。当然也有学者提出，在任用军府僚佐和州郡佐官上，长官个人仍有较大权力。不过这种分散化的、个人性的选官权力，也有各种情况，而且在变化之中。军府僚佐除"板授"者外，也是中央任命的；对州郡佐官的选任，朝廷的干预逐渐多起来了，例如刺史佐官别驾、治中经常由中央除授。梁武帝就曾专门发敕，以朱异为扬州议曹从事史。

九品中正制也具有"选官中央化"的意义。这个制度，是受汉末士林品题的影响而产生的。有人把中正品称为"乡品"，以强调其所代表的是乡里舆论，进而申说中正是受制于乡里豪族的。类似的说法又如：九品中正制"加重了大族在地方上的威权"，所以"门阀制度，乃是以家族为基础的地方性的组织"。然而我们不这么看。魏晋中正是由朝官兼任的，这等于把昔日各地的士林品题"中央化"了。地方长官所征辟的掾属，也需要中正品评方能继续迁升，则地方长官选官权力由此而削弱了。西晋刘毅云：中正"其当品状，采誉于台府，纳毁于流言"；而且中正"衰则削下，兴则扶上，一人之身，旬日异状"。可见中正品的高下取决于朝廷权势，在"台府"而不在"乡里"；权贵一旦失势，其子弟就被"削下"降品。段灼也说："故据上品者，非公侯之子孙，则当涂之昆弟也。"也是说拥有朝廷官爵与权势者，是上品的垄断者。

与九品中正制相关的还有一种"司徒吏"制度,也促进了选官权力的中央化。司徒府的左长史掌管着中正品评,谁获得了中正品第,谁就被记入司徒府的名册,成为"司徒吏"。西晋的"司徒吏"两万多人,半数在京师,半数在州郡,凭着已获得的中正品等候着吏部任用,成了一个候选者群体。那些在州郡家居候补的司徒吏,已归中央管理,与"州国之吏"有别,地方官管不着他们。而且"司徒吏"还得定期到中央服役。因其服役,所以称"吏"。本来官是官、民是民,士人没做官时只是"民"而不是"吏";而在"司徒吏"制度之下就不同了,未仕的士人成了一种非官非民的"司徒吏",那么中央朝廷对地方士人的直接控制,也由此加强了。

至于"清途"即"清官起家迁转之途",其"选官中央化"的意义就更明显了。因为那些"清官"不仅都是中央官,而且还是门下、尚书、中书、秘书之官,及东宫之官。又五等封爵,是获得政治权势的重要途径。西晋曾大封五等爵,受封者都是政权的中坚。"公侯之子孙"不但轻易获得上品,其仕途也呈现了特殊性。据杨光辉先生的统计,魏晋时父祖或本人有爵者在出仕时,由吏部选用者和走其他仕途者的比例是 47∶34,无爵者的相应比例则是 9∶174;东晋时父祖或本人有爵者出仕,由吏部选用和走其他仕途的比例是 92∶38,无爵者是 6∶102。可见若获爵封,由吏部直接任命的机会就大大增加了。中央显贵是五等封爵的最大受益者,封爵强化了他们的封闭性。在封爵面前,无爵的普通郡县豪右的仕途变狭窄了,而非拓宽了。

选官中央化的直接原因,是战乱对地方造成了巨大破坏,东汉那遍布郡县的生徒士人,大多销声匿迹了,京师成了政治文化重心之所在。汉代的士族多少具有地方性，很多活跃于州郡；而魏晋士族却是"中央化"了的，是在功臣、权贵及其子弟中形成的。这个圈子并不太大，而且具有强烈的封闭性；因此不仅普通士人，就连地方豪族也进身艰难，不容易挤上权势的餐桌了。所以士族权势，并没有阻碍选官中央化，甚至依赖于它。即使是在门阀权贵把持方镇、用人自专的时候，形式上那些任命也应由中央吏部发出。

唐长孺先生发现，中古盛门的形成条件是在"魏晋间官位蝉联"，"魏晋显贵家族最有资格成为士族"。魏晋江左士族的根基在官场不在乡里，不是割据一方的封建领主或与国家分庭抗礼的土地贵族。我们并没看到琅邪王氏或陈郡谢氏，在琅邪郡、陈郡拥有特殊的地方势力或政治控制权。士族们"寄生"于中央政权之中，其权势是在官僚组织内牟取、由吏部铨衡来获得的。又，祝总斌先生认为，门阀是"长时期内一定的人品、官品在一个家族中反复出现"而形成的。这也就是我们所说的，士族来自官场和士林的互动。"人品"就是文化。中古士族大多经历过"由儒入玄"，而玄学恰好也是一种贵族沙龙性的学术，学术圈子很小，不像经学那样在各郡县的官私学中展开；名士及其玄谈都趋向于"中朝"，或说以"中朝"为交流中心，所以西晋有"中朝名士"之称。正因为魏晋（及南朝）士族是寄生于官僚体制之中的，那么中央选官权力强化了，他们也将从中受益。所以，中古士族门阀与官僚体制并非截然对立。如果说门阀政治是"皇权政治的变态"的话，士族政治就是"官僚政治的变态"。

因官僚组织的内在进化规律，人员录用逐渐采用考试。汉代太学有考试。东汉顺帝时对孝廉实行考试，"诸生试家法，文吏课笺奏"。

这样,"以德取人""以能取人"和"以文取人"的三种选官因素,都获得了制度化的形式。那么哪一种将成为发展方向呢?察举制来到了一个三岔路口。曹魏初年,三公府为此进行了一次专门讨论。有人认为孝廉科既以德行为主,就不应限以试经;司空王朗强调"试之以事",即通过吏职来考核吏能;司徒华歆则坚持经术考试。面对德、能、文三种选择,皇帝认可了华歆的意见。由此"以文取人"的文化考试之法,成了察举制发展的方向。

西晋时,州刺史察举的秀才也采用了考试,实行对策。对策的办法,是君主出五道政论题,由秀才作文回答,答得好授官就高。这样,州举秀才、郡举孝廉两科并立,一个试文词,一个试经学,恰好符合中国士人的知识结构。东汉孝廉考试后,察举便形成了地方举荐和中央考试两个环节,察举重心向中央偏转。此外,西晋太学也有试经之法,考试合格的学生可以做八九品官。西晋的秀才对策和太学试经,进一步强化了"选官中央化"的分量。

考试这种先进的录用制度,是"选贤任能"精神的集中体现,跟门第选官是对立的。魏晋察举为普通士人保留了一条进身之路。东晋门阀政治时代,察举制坠入低谷,策试时有时无,但形式上考试制度还在,并没有被扭曲改变。南朝皇权复振,察举随即复兴。南朝皇帝还经常亲策秀才、孝廉,见于史传的秀、孝数量明显增多。由于皇权天然倾向于官僚政治而不是士族政治,所以察举的兴衰与皇权强弱之间,就表现了明显的相关性。王、谢这样的高门,在魏晋时很少屈尊接受察举,而是另从清途入仕;到了南朝他们态度一变,转而纷纷参加考试了,秀才一科充斥着高门才子。考试入仕毕竟不同于"安流平进",就算你家是文化世家,朝廷也得考一考,不能单凭门第做官。那么高门也去考秀才,就说明他们开始"官僚化"了。魏晋南朝皇权强弱的轨迹是一个马鞍形,魏晋南朝察举的盛衰轨迹,也是一个马鞍形,东晋低,西晋与南朝较高。

南朝的秀才对策,仍然是五道策题,"五问并得为上,四、三为中,二为下,一不合与第",只答出两道也能列在下等,不算不及格,还是蛮宽松的。孝廉试经,考题是经义十条。考试日益变成了察举的重心所在,德行和吏能要求越来越轻,士子举前是否有德行可称,是否曾为州郡属吏、有吏能可称,越来越不重要。察举由举荐孝子或举荐能吏之制,逐渐变成了考试文士之制;相应地,地方长官的举荐权力,也逐渐变成搜罗文人以应试的行政责任了。于是,察举制与隋唐科举制越来越接近了。

考试分量的加重,也使察举跟学校的关系密切起来了,使学校培训成为必要。魏晋南朝的学校变迁与察举相似,也曾经历了一个马鞍形。魏晋太学一度曾有生数千,西晋又为五品以上的权贵子弟增设了国子学,形成了二学并立之制。教育体制由此而等级化、身份化了。东晋时高门自有家学,大多不肯到国家学校去学习,所以学校衰落不兴,学生往往来自门第不高的家族,还经常有师无生。南朝皇帝着手兴学,国子学与察举一道复兴。学校规模尽管不大,但由考试而步入仕途的国子生,见于史传的却有数十人之多。而且学校的明经科考试,有取代孝廉科之势。孝廉在设科之初是"以德取人"的,这时却以试经为主,早已名实不符;那么明经科取代孝廉,倒让名实一致了。于是,州举秀才试文、郡举孝廉试经的格局,又变成了州举秀才试文、国学明经试经的格局。国子学生是高门贵游居多,梁武帝又创办了若干学馆,另容寒门才俊,还规定只要考试通过了,"虽复牛监羊肆、寒品后门,并随才试吏,勿有遗隔"。就是说,试经之科初步向寒人开放了,给普通知识分子打开了入仕之门。南朝学校之外的自学者,也可以依制申请考试,这与王朝设科而士人投考的科举制,已颇为接近了。

唐代科举制是一个重大的行政成就,它最终促成了士族的衰微;而这个进步,又是在魏晋南北朝这个士族政治时代累积出来的。通观魏晋南北朝的诸多制度进步,集权官僚制度顽强而富有韧性,士族政治未能阻断它的前进步伐。只盯着门阀现象而不及其余,把魏晋南朝说成"贵族政体",我们认为是简单化了的。"官僚政治话语"与中古制度进化,限定了"变态"的幅度,构成了"回归"的动力。

第十一章　胡汉杂糅与胡化汉化

广大土地上生活的众多民族中,华夏族的文明进化最快,直到进化出了秦汉大帝国。但周边各少数族民族也在发展,他们的人口也在增加,并在尝试扩展其生存的空间。东汉时少数族已不断内徙,魏晋间"杂虏"入塞者"前后千余辈"。华夏政权不足以阻其入塞,一场民族冲突已势不可免,西晋末的"五胡乱华",使周边少数族的发展线索,对华夏族本来的历史进程造成扰动、发生"叠加"了。

这种叠加和扰动,在南方和北方有不同的表现。洛阳倾覆后,司马氏偏安江左,皇权衰落、政治动荡使政权进一步封闭化,"世家"现象大为浓重了,出现了门阀当道的情况。田余庆先生就把"五胡乱华"和"民族矛盾十分尖锐",视为门阀政治的三个外部条件之一。而在中国北方,民族仇恨造成各种破坏,旧有秩序解体了。少数族的社会组织、部族风习有异华夏,建立政权后又开始直面农耕区旧有的政治文化遗产。这样一来,中国北方也就成了不同政治传统的交糅碰撞之所了。帝国制度史上的"胡汉"问题初次凸显出来,出现了胡汉杂糅、胡汉分治等等制度"变态"。这与江左士族门阀政治造成的"变态",可以并列为中古政治两种"变态"之一。在北方,"民族"成了分配权势的主要尺度,形成了"异族皇权—部落贵族—国人武装"体制。北方有异于江左朝廷的政治波动,却也孕育出了有异于江左的新的可能性。少数族的进入既带来了"胡化"因素,他们也在积极学习汉制,又出现了"汉化"潮流。十六国北朝在"胡化"和"汉化"的交替之中,孕育出了强大皇权,并借助军功贵族政治,最终带动了集权官僚政治的全面复兴。北方政权成为南北朝时代的历史出口这一事实,推动我们更深入地思考北方民族对中国史的宏观影响,及其在帝国政治的"常态""变态"问题上的历史地位。

一 胡汉杂糅与胡汉分治

十六国以来少数族政权的部族传统,带来了新的政治因素;它们与华夏旧制彼此激荡,在相当一段时间中造成了各种扭曲畸变,可称"胡化"。部族首领名号与部族的编制方式,是其部众久所习惯的;然而入塞建国之后,其社会组织发生了异变。尤其是较早建国的政权,其族群在汉地已生活了相当一段时间了,对汉制和汉文化不算陌生。在建立政权之后,对华夏皇帝的集权专制,部族首领们一见倾心;至少在管理被征服的汉族士民上,官僚行政组织是不可或缺的。因此"胡汉杂糅"和"胡汉分治",就成了十六国政权的突出特点,尤其是在其初期。所谓"胡汉杂糅",就是胡制和汉制错杂交织;所谓"胡汉分治",就是对胡人和汉人采用不同行政编制,通俗地说就是"一国两制"。

起兵称"汉"的匈奴刘渊,自称大单于,其下又设有鹿蠡王、於鹿王、独鹿王等,这些都是匈奴传统的首领名号。刘渊称帝,任命了丞相、太尉、录尚书事、御史大夫、大司农、太史令等等,这些就是汉式的名号了。刘渊让儿子刘聪做大单于,其头衔是大司马、大单于、录尚书

图三十二　甘肃嘉峪关魏晋三号墓彩绘砖

事,置单于台于平阳之西。当时既有大单于台,又有三公府、尚书省,制度上的胡汉兼用是非常明显的了。

匈奴曾是称雄大漠的强大势力,所以"大单于"之号对少数族很有号召力,在十六国时被广泛采用,用以号令胡人,所谓"单于所以统壹百蛮"。大概有十余个政权使用过"大单于"之号,或由皇帝(或天王、王)兼任,或由皇子兼领。在由皇子兼任之时,大单于相当于副王,地位很是显赫。羯族的后赵政权,曾发生汉人冉闵起事的事变,其时部下就劝冉闵"诛降胡,去单于之号",以示与胡人决裂。可见"单于"之号,具有强烈的民族统治意义。大单于台中,设有左右贤王;有时也称左右辅、左右相,等于左右贤王的汉化称呼。北燕政权还曾增设前辅、后辅,形成四辅。大单于台的属官,大抵由部落酋长担任。前赵刘曜,让皇子刘胤为大单于,单于台设在渭城,"置左右贤王以下,皆以胡、羯、鲜卑、氐、羌豪杰为之"。有学者认为,在十六国,大单于具有重要地位的政权,民族压迫也相应较重;而根本不设大单于的,多是汉化较深的政权或时期。

匈奴族的刘汉政权在刘聪统治时,大单于台的左右辅各领"六夷"10万落,每万落设置1名都尉,共有20名都尉。"六夷"指的是匈奴以外的其他少数族。若以每"落"5人计,则所领六夷约100万人。可见大单于台是个少数族的管理系统,这就是"单于所以统壹百蛮"的意义。汉人编户又怎么管理呢?刘聪为每万户设一个"内史",共43个内史,分别统于左右司隶。若以每户5人计,43万户约有汉民215万人。刘聪还设有辅汉、都护等16号大将军,都以皇子担任,各领营兵两千,再加上皇帝掌握的以匈奴为主体的精兵十多万,这些军士及其家属,就是汉赵政权的核心力量。由此,同族、异族、汉族的"分治"轮廓,就呈现在人们面前了。

也得说明,"胡汉杂糅"并不是部落名号跟魏晋官名的简单拼合,其间还滋生了不少非胡非汉、不伦不类的杂交物。比如石勒的后赵设有"门臣祭酒",掌管胡人词讼,设有"门生主书",掌管胡人出入。这两个官号,既非胡族旧制,也不是汉魏旧官,而是适应新情况而造的。十六国政权在使用汉晋官称的时候,往往名同实异,甚至面目全非。比如上面提到的43员内史和20员都尉,其职能跟汉晋的内史、都尉大异其趣。照汉晋制度,"长史"只是将军幕府中的高级僚佐,可十六国的一些政权首领有"将军"之号,"长史"有时就变成政务总管了。前凉有"太府""少府",乃都督府、凉州府之别称。十六国还出现了一种标新立异的做法，就是舍汉晋而从古制。在儒家经书中，舜有"纳言"之官，周有"常伯"之号，汉晋有时以尚书令比拟"纳言"，以侍中比拟"常伯"。而前燕政权索性不用尚书令、侍中之名，径用"纳言""常伯"做官名，反而比汉晋更显古奥了。还有周朝的"天王"之称，也被重新起用了，往往是称帝的前奏。十六国的若干君主，在称帝之前先称"天王"，过渡一下，这是汉族士人给出的主意吧。

十六国以来，镇、戍、护军一类设置，遍于北方各地。镇、戍是地方驻军，战乱中往往也是地方行政的支撑。"护军"原是汉式军职，"护"有监护之意，十六国时护军兼管军政民政，管理着本族之外的其他少数族。北方大地上还出现了众多坞壁，少数族和汉族民众在其中聚众自保。也有各种军事势力建立的坞壁。并州的坞壁特别多，很多是匈奴部所建；冀州的乌丸、青州的鲜卑段部，也都建有坞堡。少数族的坞壁，也是其进入农耕地区后保持武力的一种形式；在坞壁被纳入政权控制后，其首领就成为"戍主""坞主"，开始向镇、戍演变了。镇、戍、护军、坞壁之类，使社会呈现出一派"军事化"的面貌。

汉晋之间，部曲、佃客等依附劳动者的身份，开始正式化了；魏晋以下士家、兵户、吏户、匠户等各种身份性的民户，种类和数量也在明显增多。一些学者将之看成"封建化"进程的一部分。少数族的入主，强化了这种趋势。在征服中，部落贵族大量占有依附农和奴婢。慕容氏的前燕，王公贵人的荫户比国家户口还多。十六国北朝的身份性民户五花八门，如营户、军户、屯户、牧户、乐户、金户、伎作户、细茧户、绫罗户等。少数族政权的社会风习比较原始，对承担特定职事或拥有特定技能者，习惯令其身份世袭。这种情况在华夏早期其实也有，例如

第十一章　胡汉杂糅与胡化汉化　169

图三十三　坞壁砖画(1972年甘肃嘉峪关出土)

商周。那么"五胡"的入主,看上去是导致了某种历史的"退行"。附带说,有学者把少数族政权的汉化称为"封建化",似对"封建"概念的一种滥用。"汉化"与"封建化"应该有所区别。

北魏前期,官制上胡汉杂糅、非胡非汉的情况也很明显。平城周回五百里的"畿内",拓跋族居之,其编制是"八部"或"六部",各有"大人"。其外"地方千里"的"甸服",诸多依附部落及"新民"居之,编制也是"八部"。学者觉得,这两种"部"有点像清朝的满族八旗、蒙古八旗与汉军八旗之间的关系。这种分部制度乃是鲜卑旧制,鲜卑慕容部的诸燕政权,也有八部之制,所管辖者大约也不是慕容本族。北魏对"甸服"以外的汉人实行州郡县制,对其他被征服民族设护军以统之;镇、戍依然广设于各地;境内一些顽强保留着氏族形态的部落,就任命其首领为"领民酋长"来统率。

拓跋部入塞较晚,所保存的鲜卑旧俗更浓厚些,跟魏晋不一样的官名也最多。像直懃、羽真、乞银、阿干、比和真、俟懃地何等等,一看就是部族旧号。"阿干"乃鲜卑语,是"阿哥"意思,我们今天管兄叫"哥哥",大概就是从这里来的。诸曹走使称"凫鸭",因为野鸭子飞得快,正好比拟那些腿脚麻利的当差者;侦探伺察之官叫"白鹭",取其伸长脖子远窥的意思。这类传神的官称,原生色彩是很浓厚的。还有一些官虽不是鲜卑旧称,但也和魏晋南朝不同。比如,"八国"中的大师、小师,为王国侯国而设的典师,以及侍从宿卫之官如都统长、幢将、内三郎、内官、侍官、麒麟官、中散等。一些新鲜官名被用来与汉晋官职相比:武归、修勤二官,说是比拟郎中、令史的;内官,说是比拟侍中、常侍的;麒麟官,比拟常侍、侍郎;受恩,比拟特进;蒙养,比拟光禄大夫;长德,比拟中散大夫;训士,比拟谏议大夫。它们大概都有鲜卑语的叫法,在拟为汉名时不用汉魏官名,有意标新立异。即便是效法汉制而设立的机构,其实际的结构和运作模式,往往也跟魏晋不怎么一样。比如尚书省设有南部尚书、北部尚书,分知南北边州郡,这里就含有鲜卑南北部旧制的影子。魏晋的尚书省里没这两样官儿。

总之,制度胡汉杂糅的情况是很复杂的:除了纯粹的部落旧官号和魏晋官号外,还有本为部落旧官,但又拟制了汉名的官职;承袭汉魏,但名同实异的官职;部落所无,但汉魏亦无的新创官职;等等。由此我们看到,北方异族政权受传统束缚较小,守旧意识较淡,规划制度时经常以意为之,不惮于"标新立异"。那"标新立异"最初只是一种制度畸变而已,然而到了一定阶段,也可以表现为一种制度活力。北周大规模复古改制,舍魏晋三省,全面实行《周礼》"六官",使十六国北朝的制度"标新立异"达到高峰。

二 异族皇权·国人武装·军功贵族

十六国北朝的政治结构，与魏晋江左有很大不同。它们大多存在着民族统治和异族皇权。"异族皇权"指代表某个少数族来统治多数异族人民的皇权，它得到了国人武装和军功贵族的支持。北朝也有汉族士族，不过因其处在不同政治结构之下，其社会地位、政治功能和文化风貌，就与江左高门有了很大不同。不能只看南北士族的共同点，而对其不同的结构性地位视而不见。这种差别深刻影响了南北朝的政治发展，决定着双方的不同命运。

比较东晋与十六国皇权，一个相反的趋势立刻映入眼帘：一方皇权趋弱而另一方皇权趋强。东晋皇权落到了与门阀"共天下"的地步，而北方就不同了，十六国君主，大抵开初就拥有强大的军事专制权威。后赵皇帝石虎立法禁止私论朝政，鼓励下属检举长官，奴仆检举主人，弄得公卿以下相顾以目、不敢交谈。胡三省评论说："石虎之法，虽周厉王之监谤，秦始皇之禁语，不如是之甚也！"石虎所为，跟秦之"禁私议""告奸"确实也相去不远。石虎的太子石宣围猎，竟有这样的排场："列人为长围，四面各百里。驱禽兽，至暮皆集其所，使文武皆跪立，重行围守，炬火如昼。"不妨拿这"文武皆跪立"的场面，与晋元帝生拉硬拽王导同登御座相比较。对比真够鲜明的。后赵皇帝作威作福的消息，传到了成汉之主李寿的耳朵里，有使者向他"盛称邺中繁庶，宫殿壮丽，且言赵王虎以刑杀御下，故能控制境内"。李寿马上如法炮制，大修宫殿，"人有小过，辄杀以立威"。在寻求专制上，当君主的总是不甘人后。在江左皇权陷入低谷之时,北方的异族皇权却一举扭转颓势。

外戚、宦官是依附于皇权而播云弄雨的政治势力。东晋皇权低落、门阀专权,政治舞台上外戚、宦官的身影,就黯淡下去了。而十六国却出现了后妃、宦官"权倾内外"的情况。北魏的冯太后、胡太后,皆大权在握、威福由己。北魏的宦官更为活跃,他们封爵拜相,其名号之崇高为历代所无;弄权擅政,竟至"杀帝害王""废后戮相"。以致有学者说,北魏是历史上宦官最猖獗的时期之一。陵墓规模,有时也是皇权强弱的一个投影。前面说过,曹魏皇权低落,皇陵就没有封土。而前赵刘曜为自己建寿陵,周回四里,下深二十五丈;为其父、其妻建陵,"下锢三泉,上崇百尺",费用以亿计,用了六百万个劳动日。北魏帝后陵,重现秦汉侈靡浩大的雄风,冯太后永固陵高达23米,结构宏大而建筑精美。十六国的君权也有粗糙不稳定的方面,如皇储制度不怎么周密,皇子们争权夺位、彼此厮杀,经常招致动乱。但统治者也在探讨解决之道。北魏有太子监国之制、辅政大臣之制,还有"子贵母死"之制,使皇位的稳定交接得到了较好保障。所谓"子贵母死",就是哪位后妃的儿子被定为太子,则其母赐死,以此堵死后族干政之途。

无论如何,存在着强大的皇权这一事实,对北朝政治发展的意义,怎么估计都不过分。皇权是官僚组织的权威来源和运作保障。北朝政府能完成很多南朝望洋兴叹的任务,就在于皇权较为强大,进而是官僚组织的较高效率。比如北魏有能力实行均田制、三长制,王仲荦先生认为,就是"拓跋氏王权十分强化的结果"。

异族皇权的强化,与北族部落组织、部落精神直接有关。骑马部落的酋长和部众间,存在着一种"主奴"关系,从而与华夏政权中皇帝与士人的关系,颇为不同。华夏士人的行为模式,包含寻求政治理想、寻求个性自由的方面,比如"从道不从君"、比如蔑视权势富贵等等,这对专制集权有一种抵消或限制作用;而酋长部众间的"主奴"关系,却是一种无条件的依附和无条件的忠诚。"五胡"在"汉化"中、在采用汉式皇帝制度时,也用部落传统中的"主奴"观念,强化了皇帝制度的专制性质。所谓"专制",本来就是把君主与臣民的关系处理为"主奴"关系的一种制度。

王仲荦先生又认为,拓跋王权强大的原因在于自由民的存在:王权保障自由民,而自由民支持王权。按,所谓自由民支持王权,很大程度上在于部族纽带的维系。在民族冲突和民族压迫的社会旋涡中,同族成员无论尊卑,只能抱成一团死地求生。由此形成"国人武装"体制。按,在周朝,本部族的成员称"国人",土著居民和被征服者称"野人"。十六国北朝袭用了"国人"之名,用以称呼本族同胞。石赵就把本族羯胡称为"国人",而把汉人称为"赵人"或"晋人"。鲜卑秃发氏的南凉,以晋人事农桑,以国人习战射;打仗时晋人守外城,国人守内城。北魏"国人"指的是"与拓跋氏同出北荒之子孙",丁零、匈奴、氐、羌及汉人都不是"国人"。"国人"往往组成世兵,成为政权的军事支柱,甚至组成最精锐的禁军,由此获得仕进机会。前赵的中军宿卫、亲御郎,后赵的龙腾中郎,北魏的羽林、虎贲等,都是这种禁军。同族纽带的强大凝聚力,保证了国人武装的强大战斗力。南朝也有世兵,然而地位低下、形同贱隶,出征时有时得给他们加上锁镣以防逃亡。而"五胡"兵力强劲,不仅仅来自他们的尚武和骑射传统,也因为他们是在为本族,甚至为自己而战。而在这时候,强大的国人武装也就支持了一个军事专制的皇权。

国人支持皇权,皇权也保护国人利益。与中国之君不同,北魏皇帝经常率兵亲征,并在战胜之余普遍班赐掠夺物,人人有份儿。这显然是游牧族的传统:部众只崇拜勇猛的主子,而掠夺物被认为具有"共有"的性质。在北魏,还能看到君主频繁巡行,宴耆老、问疾苦、赐贫人妻、赐医药、赈灾民,这都很像是在履行父家长或氏族首领的原始义务。孝文帝的巡行赈恤之举,曾拯救了数十百万的饥民。北魏的均田制,源于对国人的"计口受田",学者认为,它与部落的原始平等精神和村社传统相关,保证了每位国人都有一块土地。迁至平城的新附者也被"计口授田",既然归附了本族,那么就给予类似国人的"同胞"待遇。看似原始的氏族风习,其实也蕴含着文明阶级社会业已丧失的某些东西。江左社会已看不到这种原始平等精神了。拓跋族入塞最晚,"鲜卑野俗"最为浓厚,然而那也使氏族的原始平等之泉,得以给华北大地以较多、较长久的滋润。拓跋政权中已存在阶级和压迫了,"氏族平等""村社互助"只是一种残留因素;然而在错综分力中加入某种新的分力,就可能使事物进入新的平衡态。从"国人"始,自由民成为社会基石,劳动者地位得以提高,由此展示出了有异江左的社会前景。

从周代井田公社制到战国授田制,留下了一种传统,即公社之上的君权行使"父家长"式的干预与支配。战国《田律》之类文献显示,国家对耕作的管理非常细密。汉代自由小农已大量出现了,但因历史的惯性,国家还经常以父家长对待村社的姿态君临编户,管理细密而无微不至。例如汉律"三人以上无故群饮酒,罚金四两"之类律文,就表现了对社会生活的强势干预。北魏拓跋族入主中原后,部族传统导致了类似的君民关系。北魏的均田制,该种多少桑田、多少麻田、多少菜田,都一一规定之。正如战国授田制,构成了秦汉编户齐民体制的前身、构成了早期专制皇权的基础一样,北魏的强大国家通过均田制和三长制,重建了编户齐民体制。

国人武装之外,军功贵族是异族皇权的又一坚强支持者,也是政权中的最大权势者。军功贵族的核心成分是皇亲国戚。匈奴的汉赵政权就是一个例子。周伟洲先生提供了这样一份统计:在263名官员中,刘渊一族占到了44人,刘氏宗族占30人,其他匈奴族40人,以上共计114人;汉族131人,其他少数族18人。汉族士人做官的虽不算少,但大权在匈奴人手中,不太好说胡汉共治。前秦的汉族士人王猛协助苻坚改革,政绩卓著;不过从统治成员比例看,在面对氐族权贵的

图三十四 北魏重装骑兵俑(1953年西安发现,高38厘米)

时候,王猛几乎是孤家寡人。

北魏初年,因部落大人制度的残余影响,异姓王公的权势一度是比较大的。皇权随即抑异姓而崇宗王。魏孝文帝降低了异姓王公的爵号,废除了他们的世袭军号之制,而让自己的兄弟"献文六王"出踞显位、占据要津。西晋和南朝也出现过宗王政治,那是皇权衰落时自我维护的"权宜之计",不无"饮鸩止渴"的味道。北魏的情况却相当不同,正如学者指出的那样,在这里"宗王权重,便意味着皇权的伸张"。北魏的宗王很少觊觎皇位、生事作乱,他们"枝叶扶疏"的家族,构成了环卫皇权的高大防波堤。孝文帝改革后,汉族高官数量大增;然而统计又告诉人们,孝文帝和宣武帝两朝,诸公、尚书令仆、侍中及领军、护军几种要职中,鲜卑贵族分别占68%和67%,其中宗室比例为36%和56%。"防波堤"矗立依旧。封爵是北魏贵族的身份尺度。孝文帝时,公侯万数。宣武帝颁布了"五等诸侯选式",确定拥有封爵者的起家资格:封公爵的,同姓宗室自正六品下起家,异族贵族自从七品上起家,汉族士族自从八品下起家;封侯爵、伯爵、子爵、男爵的,三种身份者等而下之。那么从选官特权之差看,鲜卑同姓权贵、异姓权贵和汉族士族三者的政治地位之差,就昭然若揭,宛然在目了。

十六国政权大都尽力吸纳汉族士人,承认北方士族的门第特权,有的还沿用了九品中正制。孝文帝汉化改制时,也把士族制度视作"汉制"的固有部分加以采用了,大规模地"分定士族"。清河崔氏、博陵崔氏、范阳卢氏、赵郡李氏、陇西李氏、荥阳郑氏、太原王氏诸族,居汉族士族之首;同时鲜卑权贵,也各自被授予了崇高的门第。为了区分门第高下,朝廷还制订了膏粱、华腴及甲姓、乙姓、丙姓、丁姓之类等级,各郡中正据此编制一种叫作"方司格"的文件,作为选官的依据。然而考察也显示,北魏的士族高下,更多是由皇权确定、以当朝官爵为准的,传统门第只起次要作用。陇西李冲、中山王叡都不是魏晋旧门,但他们得到文明冯太后的宠幸,便被不次拔擢,由此逐渐成了盛门。又赵郡的李奕、李敷兄弟,也有类似的际遇。身为大族却以"内宠"、以床笫之幸而得显贵,陈爽先生称之为"令人尴尬的非常途径"。北魏"姓族"系由皇帝"分定",这与江左的"士大夫故非天子所命"情况很不相同。

即令北方汉族士族以门第自诩,他们仍是被征服者;面对鲜卑皇权的生杀予夺,他们无从抗拒。北魏政权的主干,是异族皇权、军功贵族和国人武装,汉族士族只是附着其上的砖瓦椽木。他们在统治层中的数量增加,并不能改变这个事实:北朝的政治主调是军功贵族政治,而不是士族门阀政治。北方士族既无江左高门的那种尊贵雅望,也没有多少坐享天禄、悠游放诞的社会空间。异族皇权的强大压力,迫使北方士族高度"官僚化"了。他们勤奋敬业,为北朝的政教建设做出了历史性贡献;甚至兼资文武,呈现出了类似军功贵族的风貌,从而与江左名士的精神贵族形象,分道扬镳了。北方政权的开放性是很大的,还在不断地吸收地方豪族,他们构成了军功新贵的又一来源。这在西魏北周更为明显。这就进一步拉大了北方"世家"与江左文化士族的距离。

简单说,江左的最大权势者是文化士族,而北朝的最大权势者是军功贵族。南北朝的历史,就是文化士族与军功贵族的历史;南北朝的竞争,就是文化士族与军功贵族的竞争。由于民族矛盾与民族压迫的存在,北朝的政治结构之中,存在着江左政权所没有的强大张力。作为征服者,异族皇权得以对异族民众施加更严厉的管制——压迫异族人,总比压迫同族人容易得多;统治部族也保持着高度警惕,夙兴夜寐、紧密团结,以应付被征服民族可能的叛变;被征服者在别无指望的情况下,就只能兢兢业业地邀宠于新主了。在这样一种政治结构下,政权的各个组成部分,都被激发出了政治活力。

三 胡化、汉化的摇摆波动

北方少数族入主给中国北方带来了"胡化"局面,从族群结构上说是如此,从文化和制度而言也是如此。不过在建立政权后,尤其在吸收了汉族士大夫之后,异族政权又在努力学习汉制和汉文化,自身又在"汉化"。胡化与汉化的交织,就是不同民族的制度文化碰撞、冲突和融合的过程。跟事物变化的通常情况一样,这过程也不是一条直线,而是"之"字形推进的。

有一种看法,把五胡十六国的入主与欧洲史上蛮族南下灭亡罗马帝国的事件相比,认为后者造成了欧洲的"中世纪",五胡入主则为魏晋的"封建化"一锤定音。问题真是这样吗?欧洲中世纪的封建化,几乎是以全盘抛弃古罗马的帝国体制和古典时代的文化为代价的,故有"黑暗时代"之称;而五胡对汉制和汉文化,却表现了相当不同的态度。

十六国官制虽发生了扭曲变态,但其架构,大致仍以汉晋制度为本,例如诸公制度,尚书省、门下省、中书省的三省制度,地方州郡县制度,以及用于等级身份管理的军号、封爵及散官制度等。其公文及户籍制的建立,西北地区出土的文书能够提供证据。

察举考试是一种面向士人的选官制度,然而十六国很多政权都有察举。前赵的刘曜,曾命令公卿各举"博识直言之士",并亲自在东堂加以策问。后赵石勒,设有秀才、至孝、廉清、贤良、直言、武勇及计吏等察举科目。秀才、孝廉科还要考试,考在上第者拜为议郎,中第中郎,下第郎中。前燕、前秦、南燕、北燕、后凉、北凉、后秦等政权,也有类似的情况。北凉举孝廉和西凉举秀才的情况,还能在吐鲁番出土文书中看到。比如,一份《西凉建初四年秀才对策文》的残件,就是今天所能看到的最早一份古代考卷原件。

尽管十六国是个狼烟四起、烽火连绵的时代,但统治者并未遗略文教。前赵、后赵、前秦、前燕、南燕等都有学校,其学生从数百到上千人不等。后秦之主姚兴,让儒生在首都长安立学教授,诸生自远方而来的成千上万。石勒、苻坚、慕容皝、姚兴、慕容德等异族君主,都有亲临考校、黜陟任用的记录。作为对比,东晋的国家学校不过百十学生,而且时有时无,管理松散,还出过学生放火烧校舍的乱子。东晋文化水准是北方所不能比的,但在国家学校的规模上,十六国反胜一筹,真是让人惊讶。后赵设有经学、史学和律学等专科学校,史学之独立为"学",竟有羯人石勒之功。"史学"一词,至今仍然被史学家们使用着。清人李慈铭十分感慨:十六国"虽旦夕小朝,兵戈云扰,而文教之盛,转胜江东,岂非盗亦有道者欤?!""盗亦有道"的说法,自属大汉族主义的偏见;至于"文教之盛,转胜江东"之说,若从国家学校的规模看,并不是空口无凭。

江左的专制和法制趋于低落之时,十六国的法制却在筚路蓝缕、逐步建设之中。石勒制定了《辛亥制度》，让续咸、庾景担任律学祭酒，还让第二个儿子石弘跟着续咸习律。王猛帮苻坚治理前秦，"明法峻刑"，使苻坚有了"今吾始知天下之有法也，天子之为尊也"之感。后秦之主姚兴在长安建立律学，让郡县散吏来京进修法律，成绩好的回郡县担任法官。面对这类事实，吕思勉先生称赞说："其重视法学，转非中国之主所能逮也!"南燕慕容超，也曾议定《燕律》。五胡政权虽不乏混乱暴虐，同时也孕育着"天下有法""天子为尊"的因素。

十六国政权努力汉化，继承了汉晋的政教遗产，这就决定了中国的北方，不可能变成西欧中世纪的那个样子。北魏的政治发展上承十六国。百年来的政权建设，到孝文帝时就孕育出了一个汉化改制的高潮。在政治体制上，孝文帝进一步完善了官僚组织架构，实施了俸禄制和考课制，修订《魏律》，实行均田制、租调制和三长制。"三长"是政权的基层编制，即邻长、里长和党长。改革还深入到了文化层面。鲜卑族的语言、姓氏、服饰、风俗，是构成民族特性的基本要件；而孝文帝决意抛弃之，转而采用汉语、汉姓、汉服和汉俗，等于要"全盘汉化"了。为便改革和谋求发展，孝文帝还把首都由代北迁至洛阳，这里曾是魏晋文化、经济和政治中心。南北朝首都的空间距离缩小，双方的制度差异也大大缩小了。

改革令北魏进入了一段盛期。王朝着意"文治"，汉族士族的地位明显上升。南迁洛阳的鲜卑显贵习惯了洛阳的繁华奢靡，其子弟有条件接受良好的国家教育，大大加速了汉化，有人的诗赋经史水准甚至超过普通汉人。但没跟上"汉化"时尚的鲜卑武人，未免在政治上黯然失色了。孝明帝时，有汉族官员企图"排抑武人，不使预在清品"，结

第十一章　胡汉杂糅与胡化汉化　181

图三十五　十六国墓壁画中戴进贤冠的官员

果激起了禁军羽林、虎贲的暴动。羽林、虎贲向来是由宿卫获得出仕资格的,但在汉族官僚看来,那些武人无力胜任"文治"。北镇将士更感到了巨大落差。平城以北设有六个军镇,驻重兵以御柔然,本是号称"国之肺腑"的贵族子弟立功升迁的好去处,其地维持着浓厚尚武传统和鲜卑风习。然而随洛阳朝廷转向文治,六镇鲜卑将士的仕途变狭窄了,升迁无望,部分人甚至沦落到了"役同厮养"的地步。北魏社会由此出现了深刻裂痕。有远见的人士不禁发出了这样的感慨:"往在代都,武质而治安;中京以来,文华而政乱!"武、质、文、华之词与治、乱之词联系起来,用来指示急剧汉化所造成的种族、文化和阶级裂痕,以及社会的脱序、失调和错位。

图三十六　北魏方山文明太后冯氏永固陵孔雀石雕

军功贵族—国人武装体制在"汉化"的暖风中开始融解,一时却没有什么替代物足以弥平社会裂痕。人们担忧北镇军人的离心与反叛,呼吁"文质互用"。他们不幸言中了,六镇大起义爆发,北魏随即陷入动乱。本来在孝文、宣武之朝,是一批文质彬彬的人物活跃于政坛的;而六镇起义后,一大批边镇鲜卑涌入华北,众多边将、胡酋的陌生面孔,似乎是"突然地"崭露头角了。洛阳的"文华",曾一度掩盖了这个潜在的"武质"方面。契胡酋长尔朱荣发动"河阴之变",围杀北魏王公大臣二千余,洛阳汉化势力惨遭重创。

陈寅恪先生以"汉化的反动"和转向"胡化",来解说魏末的政治走向。随后的东魏北齐和西魏北周政权,都源于六镇。东魏北齐重新使用鲜卑语,"鲜卑共轻中华朝士";历次党争,往往以鲜卑勋贵成功地排挤了汉族士族而告终。北齐的并州是鲜卑重兵所居,晋阳又设了一个尚书省,号称"并省",皇帝常住晋阳。在北齐政权的空间结构上,首都邺城的汉族士人地位相对较高、尚存"文华",而并州晋阳则构成了一

第十一章 胡汉杂糅与胡化汉化

图三十七 北魏怀朔镇附近的一处三角形古戍

个"武质"的重心。

北齐毕竟处于经济文化相对发达的关东,地处关西的西魏北周,其胡化倾向就更显著了。北魏孝文帝改鲜卑姓为汉姓,而西魏反其道而行之,不但恢复了胡将的胡姓,还向汉将赐胡姓。西魏实行府兵制,其统帅是六柱国,下有十二大将军,以及几十个军府。府兵不入民籍,免除了租庸调,农隙习战。学者认为,六柱国或八柱国之制,应是对鲜卑六部或八部大人旧制的比附;而府兵军士都得改成军府主将的姓氏,也有模拟氏族传统和部落兵体制的意思——具有胡化的意义。诗人庾信描写北周世风,有诗"梅林能止渴,复姓可防兵"。"复姓"指鲜卑姓氏,鲜卑姓氏的人就没人敢惹。柱国、大将军们地位显赫,其家族子弟充斥朝廷,所以史称"周代公卿,类多武将"。府兵军士也变成了一个高于平民、得到政权优遇的阶层。一度衰败的军功贵族—国人武装体制,在某种意义上得到了修复。然而,胡化和汉化既是"交替"

图三十八　北朝武士俑

的,也是"交织"的,同一事象,往往兼具胡化、汉化的双重意义。北镇鲜卑化的将士们涌入内地,分别建立了东西魏,这固然有胡化意义;但那也把一大批北镇将士,以及各地汉化尚浅的众多起事族群,再度卷入了汉化潮流。北方二百多年动荡至此,胡汉融汇已成为浩浩荡荡的时代洪流。东西政权虽各自表现了胡化倾向,可是两政权的制度完善和汉化措施,却各自斐然有成。

东魏北齐地处文化昌明的关东,其法律建设、制度建设和礼制建设,集中体现在《齐律》《河清令》和《五礼》。西魏北周地处关西,这里各族杂处、社会文化相对落后,但其统治者宇文泰励精图治,与苏绰、卢辩谋划,大行《周礼》复古,标榜"关中本位"和"关中正统"。周朝被认为是中华礼乐正统,揭举"周"之大旗以为政治号召,可算是"汉化"

举措吧？西魏北周以《周礼》天官、地官、春官、夏官、秋官、冬官取代三省制，用《尚书》周诰文体取代通行文体，虽显得不伦不类，但其标新立异之举，毕竟显示了一种积极探索的制度活力。宇文泰令苏绰制定的《六条诏书》，把先治心、敦教化、尽地利、擢贤良、恤狱讼、均赋役奉为施政指南，更是重振官僚政治的纲领性文件。

魏末以来的胡化，可以理解为异族皇权—军功贵族—国人武装体制被汉化所动摇之后发生的结构性调整，它没能改变此期制度史和文化史的汉化方向，而是在调整中继续行进。无论在东在西，人们都看到了专制集权和官僚政治的强劲复兴。下章继续论述之。

第十二章　从北朝到隋唐：帝国复兴与历史出口

对于华夏政权的固有政治进程，十六国北朝的影响是双重的。魏晋政治已发生明显"变态"，但这个临界点是否能走到门阀政治，则还在未定之天；这时候来自北方少数族的沉重一击，就起了决定性的促成作用。同时，中国北方的旧有政治秩序崩溃了，陷入了民族仇杀、人民流徙和经济破坏的局面。

不过问题还有一方面。尽管从汉族士人的立场看，"五胡"是未开化或半开化的部族，但他们对黄河流域的冲击和军事胜利，却也说明其部族制度与军事组织中，蕴含着巨大的政治能量。有人觉得北朝除了兵强马壮，没别的优点；北朝能统一南朝，不过是"仗势欺人"罢了；北朝不过是中国历史上一段不必要的曲折。但问题恐怕不这么简单。北方少数族造就了异族皇权，它得到了军功贵族和国人武装的坚强支持。这种有异于南朝的政治结构，预示着与南朝不同的政治前景。在胡化、汉化的波动摇摆中，异族统治所含有的新鲜政治因子与汉式的官僚政治制度，经复杂互动而逐渐磨合、相互调适；部族军事组织所蕴含的政治动量，逐渐被纳入轨道。这样，与缺乏新鲜因子而日益萎靡的南朝相比，北朝就显示出了更大的政治活力。

这一章中要叙述如下内容：在北朝后期官僚行政秩序全面复兴，

一种更富功绩制色彩、服务于军功集团和吏员群体的等级管理体制出现了,并形成了一种以"军功吏治取向"为特征的新式政治文化。汉唐盛世之间,魏晋南北朝是个帝国的低谷,北朝则构成了走出低谷、通向隋唐大帝国的历史出口。

一 青出于蓝:官僚行政的全面复兴

在十六国的纷繁乱象中,皇权、官制、法制和文教的进步,就已隐约可见了。异族政权的政治制度,本是从魏晋南朝学习而来的,但北魏孝文帝改制后,北朝政治制度的发展水平已不逊色于南朝;考课、选官、文教、法律、监察、中央官制和地方控制各方面都显示,北朝集权官僚政治,全面复兴而蒸蒸日上,甚至青出于蓝。

图三十九 北魏冠军将军印、高城侯印、怀州刺史印(1948年河北景县封氏墓出土)

军功贵族与国人武装支持了一个强大的军事专制皇权,而皇权是官僚组织的权威来源。在帝制时代,一个铁腕的皇权,通常比较利于维系官僚秩序与官僚法制;皇权软弱的时候,就往往会出现法纪松弛的情况。较之东晋门阀政治,南朝的皇权已有所振兴了,可士族政治积重难返,所谓"主威独运"是打了折扣的;北朝皇权却拥有真正的专制权威,其所支持的官僚政治,也呈现了反超南朝的前景。

官僚考课是行政运作的基本保证。魏晋的事功派官僚曾致力于强化考课,南朝君主时有督励考课之诏,其效果却不好恭维,没能改变士族的平流进取和无功受禄。北朝就不同了。部族的重军功传统,在建立政权后就发展为重事功、重吏绩的精神。北魏太武帝曾"亲考内外,大明黜陟"。孝文帝颁布了《外考令》等法令,六品以下的官儿由尚书主考,五品以上的官儿自己亲临朝堂考核,其场面之严肃,绝非南朝所能有。虽然北朝考课也常流于形式,但"贵贱内外、万有余人""官罔高卑、人无贵贱"统统考课的情况,仍然给人强烈印象。"众人竞称考第,以求迁叙"的记载,更反映了"门第"之外,"考第"日益成为官员升迁的常规依据了。孝文帝时内官三年一考,散官四年一考,此外还有例行的岁考。考课采用正负记分的量化办法,北齐还按工作的繁忙程度,把官署分为闲局、平局、繁局三类。繁局容易出错,所以计分也较宽松。北周每年一考,四考黜陟,隋朝的"四考受代"制度,应是上承北周的。隋朝的考课相当频繁、频频见于史料,与江左形成鲜明对比,显示了帝国行政已全面振作。

第十二章　从北朝到隋唐：帝国复兴与历史出口　189

图四十　北齐娄睿墓仪卫图局部

唐代科举是"以文取人"的，有人认为这是南朝传统。然而就考试选官的规模和范围来看，无视北朝很不公平。十六国很多政权实行了察举。北魏的察举，大约是从太武帝开始的，孝文帝以降趋于兴盛，"州举茂异，郡贡孝廉，对扬王庭，每年逾众"。约有1/3的秀才被任命为博士，成为文教官员的重要来源；其中4/5的人最终做到了五品以上官，仕途前景是蛮不错的。北朝后期，察举的门第限制日趋松弛了，"儒生寒宦"也能由此入仕。社会上出现了一大批贫寒学子，"入闾里之内，乞食为资；憩桑梓之荫，动逾千数"。这与东汉的游学求宦景象相仿佛，在江左诸朝却不常见。它显示了一个深刻的社会变化：普通知识分子在悄悄抬头，考试为他们提供了入仕通道。北朝举秀才对五策，孝廉试经十条，同于南朝。北齐的地方官还对秀才进行初试，这是后世"乡试"制度的青萍之末。

北魏后期到北齐，考试选官日益普及，御史台、东西省、尚书省的官职，往往都用考试竞争的办法来录用。魏孝明帝有一次选拔御史，参试的竟达八百余人。魏孝庄帝、节闵帝时政局大乱，然而让人惊讶的是，即令在这时候，朝廷在选任散骑常侍和散骑侍郎时，依旧一丝不苟地采用考试。北齐文宣帝有次选拔东西二省官员，参试者竟达两三千人！这种成百上千人考试公职的壮观景象，不仅东晋南朝看不见，甚至汉代都未曾有过。可见北朝的考试规模不仅反超南朝，而且超迈秦汉。

十六国的国家学校规模，时或在东晋之上。北魏迁都洛阳后，设立了国子学、太学及四门小学三学，按父祖官品高下确定入学资格。国子生给予从六品下的出身，他们最终做到了三品以上官的，约 3/5 强。此外北朝还有律学、书学和算学三学，属专科教育。这样北朝就形成了"六学"体制。南朝刘宋一度设立了儒学、玄学、文学、史学四个学馆。这"四馆"体制，体现的乃是士族名士的文化偏好；北朝的律学、书学和算学则更富实用性，事关国计民生。南朝学校主要是国子学，那么隋唐"六学"之制——即国子学、太学、四门学、律学、书学、算学——就是上承北朝的。

十六国君主重视法学的传统，被北魏君主继承下来了。拓跋珪建立北魏，随即就开始了立法活动。孝文帝时立法活动达到了高潮，多次更订律令，削繁复而从简明，删严酷而尚宽轻，罢门房之诛，废族刑之法。程树德先生予以盛赞："君臣聚堂，考订之勤，古今无与伦比！"宣武帝颁布了《魏律》二十篇，这是拓跋政权一个世纪立法事业的结晶。陈寅恪先生既指出"律学在江左无甚发展"，又大力赞扬"元魏之刑律取精用宏"。北魏的立法成就,也超越南朝了。东魏有《麟趾格》,西魏有《大统式》,"格""式"形式对唐代的律令格式体制的形成,应有直接推动。北齐修成《齐律》十二篇,又较《魏律》更上一层楼,代表了北朝法律的最高成就。程树德云:"南北朝诸律,北优于南,而北朝尤以《齐律》为最。"《唐律》十二篇,上承《齐律》。《唐律》向来被视为中华法系的里程碑,而北朝的立法者筚路蓝缕,功不可没。

北朝的监察,也较南朝为优。魏文成帝和孝文帝时内外"候官",多达千人。候官的职能类似国安局,他们微服刺探,"奸巧弄威"。这种监察虽不规范,却显示了皇权的强大。江左就没这种候官。南朝的司法监察之职,一向是士族名士瞧不起的。北朝却不相同。北魏御史中尉(即御史中丞之又名)地位相当之高,出行时可以与皇太子分路,连王公也得逊避一旁。御史之官号称"高选","选用御史皆当世名辈"。御史之资望轻重,就反映出了南北法制之轻重。北朝的廷尉与御史台之间,还形成了"寺署台案"(御史台断案,须经廷尉审核签署)的制衡关系,有人认为,这开了唐代"三司推事"制度之先河。北朝遣使出巡州郡之事,远比南朝频繁。孝文帝分设东西道大使,宣武帝又增设畿内大使,有人认为是唐代分道巡行之滥觞。

北朝三省制度,在孝文帝时就很完备了。北齐的尚书与诸曹的隶属关系,比起南朝来,又有很多合理化的地方。唐代的六部与九卿建立了清晰合理的"下行上承"关系,这个进步,被认为与北周的"六官"改革相关。北朝门下省负责诏敕的审核与发出,也拥有对尚书章奏的封驳权。北齐还有覆奏之制,重要的政令需经门下覆奏(即重新上奏)。这在后代发展为三覆奏、五覆奏的制度。

南朝州郡县的畸形增殖现象，北朝同样存在着，人们很形象地称之为"十羊九牧"，即官多民少。然而北齐在天保年间，一举废除3州、153郡、589县，这种大刀阔斧的气魄，南朝未见。西晋因士族不乐意做地方官，曾制订过一个"甲午制"，规定先做县官才能做朝官，以图纠矫，不过不久就成了一纸空文。有趣的是，北齐袭用了西晋"甲午制"法，实行"士人为县"，以强硬手段迫使士族就任地方官，居然一举成功。东晋南朝的地方军政长官，往往拥有大量部曲，甚至动辄拥兵向阙；这类情况在北朝就少得多了，显示了中央朝廷的更大控制力。

魏晋以来，王朝控制编户的能力大为低落。但北方就不同了。十六国战乱也许给人这样的想象：社会凋敝，人烟稀少……可那只是北方的部分景观，不是全部。早在后赵时，北方户口就显示出了增长趋势；前燕的户数，更超过西晋同一地区的户数一倍多。这也许会让一些人大感意外吧。北魏末年户数500余万，推知其口数当在2000—2500万。北齐北周在籍人口合计，也许能到达2700万。而江左的陈朝不过200万口，与十几倍于己的北朝抗衡，像是以卵击石。北方依附农所占人口比例要小得多，国家的括户能力则相当强大。前燕一次括户，"出户二十余万"；北魏末年河北括户，"所括得丁，倍于本帐"；东魏一次括户，凡获逃户60余万。隋朝再接再厉，再创新高，通过"大索貌阅""输籍定样"，进丁44万，得口164万！北朝在重建地方控制和编户齐民体制上的成就，南朝无法望其项背。北朝的户口增加，不能仅仅归功于中原较高的生产水平，还要归功于国家的强大，归功于均田制和三长制。学者或认为，大土地所有制才是中国古代生产关系发展的主流，而均田制不过是北朝所带来的一个曲折而已。这说

第十二章 从北朝到隋唐:帝国复兴与历史出口 193

图四十一 《北齐校书图》

法虽然不错,但我们还想作一补充:东汉魏晋豪族大土地所有制和依附关系的发展,削弱了中央集权和编户齐民体制,而北朝却通过均田制和三长制将之重建和强化了;当唐朝大土地所有制再度发展、均田制趋于衰落时,强大的中央集权和编户齐民体制——它们是皇权和帝国的柱石——先已矗立在那里了。换言之,从土地关系变迁看,北朝的均田制也许只是个曲折;但从政治发展看,均田制和三长制,却是北朝隋唐中央集权重新振兴的必要环节。

总的看来,同样的制度,在北朝往往就比南朝运行得更好。而且北朝还不仅是学习汉晋南朝制度而已,还能转徒为师、青出于蓝,提供若干新鲜的制度成就。尽管江左五朝才是华夏正统,然而隋唐制度有很多来自北齐北周。鲜卑异族政权，居然也构成了隋唐制度的渊源之一。

二 等级安排与身份管理的进化

官僚体制是由各级官职和各级官员所构成的科层体制，所以它的等级结构，是能够反映一个官僚体制的特性的；同时一个政权的政治结构，也必然体现在等级和品位结构之上。北朝政治结构的主干，我们概括为异族皇权、军功贵族和国人武装，而这一点，也将体现在等级安排和身份管理的变迁之上。

魏晋以降，官员的等级安排明显繁复起来了，出现了"品位化"的高潮。秦汉的爵级和禄秩之外，又出现了九品官品及流外制度，出现了将军号构成的军阶，还有九级中正品和"清浊"制度。形形色色的散官、名号、加衔，也雨后春笋似的繁衍开来。无论南北，都能看到类似的情况。然而南北还是有所区别的。北朝等级管理制的特点，是一体化程度更高，更简练实用，其功绩制的色彩更浓厚，而且明显向军功倾斜。

九品官品是一个综合性的等级框架，把其他各种等级位阶，如禄秩、封爵、军阶、散官等，都容纳其中了。但魏晋江左的官品，还没与禄秩完全整合，同一品中经常列有不同秩级的官职；而北朝的品位结构变迁，明显比南朝快一拍。其俸禄则全依官品而定，实现了秩、品的一体化。魏孝文帝又把官品析分出正从品、上下阶，形成了九品十八级三十阶的框架，其下还设有流外七品。南朝梁有十八班制及流外七班,看起来跟北魏颇为相近,但不同之处还是有的。首先,梁十八班主要用以确定官资,与权责、俸禄无干,也不涉爵级,这与北魏的官品正从十八级不同;进而,梁十八班外另有三品蕴位及勋位、州班、郡班十班、县班七班、军号十品二十四班、不登二品之军号八班、施于外国之军号十品二十四班等,它们一定程度逸出了九品或十八班。梁十八班与爵级无关,爵级起家的制度相当散漫;而北魏五等爵不仅自身有品阶,而且袭爵者的起家官品安排,也相当清晰整齐。南朝军号与官品也不一致,二者并不级级对应,例如陈朝的官品六品上就拥挤着104个军号,说明二者还是各成序列的,各种散官的品级也散乱无序。而北周北齐的军号、散官,则都与官品一体化了,在官品上作匀称分布。

这样我们就看到,南朝直到梁陈,班、品、秩、爵、军阶、散官等等,在结构上依然旁逸斜出;而北朝的官品、俸禄、封爵、军号、散官等等,与官品的整合更为紧密,在九品官品框架中的分布严整有序,各种位阶的一体化程度更高。隋唐官阶呈现为一个一元化多序列的复式等级架构,职官、爵号、阶官、勋官等在官品框架中井然不紊,这显然是上承北朝的。

梁朝除了官品、封爵、中正品外,又有十八班、七班、三品蕴位、三品勋位、州郡县班及军号之班,显得分外繁复冗杂。魏晋军号本来100多号,而梁天监年间"厘定"军号,"厘定"到了200多号;大通三年(529)再度"刊正",不但没有刊繁为简,反倒"刊"成了360多号!陈朝的军号,仍达237号之多。品位序列的繁杂细密反映了什么呢?反映了江左朝廷把大量精力,投到了安排官贵的个人级别之上。谁的官儿大一丁点儿,都得用官号和级别表示出来,不能让官僚吃亏,埋没了他的荣耀。过于复杂的位阶体制,在管理上将浪费更多的时间、资源和精力。在堆积如山的军号里挑出官员应得的那一号,选曹不知要白搭多少无谓的功夫。假使君臣乐此不疲,就只能说是嗜痂成癖了。

在身份管理和职位管理的关系上,秦汉的重心在后者,皇帝对官僚的品位保障不操太多的心,官僚大多一人一衔,官阶管理很简洁;而南朝的重心在前者,官阶繁复,一个人有一大堆头衔,身份管理的工作量畸形膨胀了。北朝虽有类似弊端,但其变迁与南朝不同。北周军号由百余号化简为不到 50 号,而且与官阶一致化了,均匀分布在官阶各级上;北齐的军号也简化到了 70 多号;隋朝军号一度只有 43 号;到了唐朝,武散阶一至五品有将军 13 号,再加上六至九品 16 个校尉、副尉,军阶只 29 号。隋唐军号的简化趋势,显然上承北朝。

为什么北朝最终孕育出了一个更严整简练的等级架构,并为隋唐所继承呢? 首先是南朝上承汉晋,制度上陈陈相因的守旧倾向,自然比较浓厚,而北朝在规划制度上更自由随意,可以大起大落地调整尝试,反而容易出新。其次,品位结构是帝国中的各势力政治博弈的结果,江左士族盘根错节、利益格局积重难返,皇权并没有力量真正撼动它。梁武帝的官阶改革看上去花样翻新了,不过走近一看,那对既定权势格局并无实质触动,大多是表面的花架子。而北朝不同,即令位阶的大幅度调整中有部分官员吃亏,他们也没力量抗衡皇权,只能自认倒霉。

中古政权的身份管理和品位结构,涉及了四大问题,"贵—贱""士—吏""文—武"与"胡—汉"。"贵—贱"就是士族、贵族与寒人的关系问题,"士—吏"就是文士与专业吏员的关系问题,"文—武"就是文

第十二章 从北朝到隋唐：帝国复兴与历史出口

官与军人的关系问题，"胡—汉"就是异族权贵与汉族官僚的关系问题。这四个问题是彼此交织的。

江左的士族身份，主要体现为中正品，所谓"凡厥衣冠，莫非二品；自此以还，遂成卑庶"；中正二品之内，则有"清浊"进一步区分门第、身份与官职。所以中正品和"清浊"的性质，可称"门品"，它们令品位结构的重心向士族门第偏转了。而北朝的位阶，则具有明显的功绩制特点，而且偏重军功。

首先看功绩制性质一点。梁有十八班，北魏正从品十八级，看上去都是 18 等，实则不同。十八班列有各种官职，"班"所标示的，主要是这些职位的任官资格，资格则取决于各人的出身、门第。而北朝存在着活跃得多的考课制度，考课晋级以"阶"做尺度；"阶"就是正从品十八级，一级又分为"上阶"和"下阶"两等。"众人竞称考第，以求迁叙"的记载，反映了北朝官品十八阶是依功升迁的阶梯；相对而言，梁十八班是士族"平流进取"的阶梯。

北朝的封爵与军号，呈现了更鲜明的功绩制意义。鲜卑军功贵族以封爵标志身份，一度还有对袭爵者授予军号的制度。北魏、北齐、北周各朝，军功授爵的情况都很普遍。军号也是如此。"将军"之号本是军职。汉末魏晋间战争频繁，为激励士气就要及时赏功罚过，而升降军阶就是最便利的手段，所以各色将军没多久就发展为军阶了，而且用于文职。可见军号具有功绩制的来源，并不特别优遇士族门阀。南朝的军号虽然同样具有功绩制性质，但从整个品位结构看，通过军号进入"清品"的渠道较为狭窄，"门品"才是决定性的。北朝就不同了，军号使用比南朝广泛得多。甚至小县县长、台省令史，往往都拥有

"将军"之名。往往是一场大战之后,就有众多将士获得更高军号,进而问津高官厚禄。总之北朝封爵和军号,其褒奖军功的作用明显大于南朝,体现在封授更普遍、晋升前景更为光明。

南北朝时用于维系官僚个人位阶的官号,除了军号之外还有文号,即文散官,它们往往以××大夫、××常侍、××侍郎等为称。南朝文化士族当政,官场重文轻武,人们更看重的是文号而不是军号,因为它们是身份标志。武将很难得到文号。将领朱修之、宗悫,都是老得摔断了脚之后,才获得了文散官"光禄大夫"的。又如吕安国,他在宋齐之间一直"以将领见任",直到老病之时才获授光禄大夫、散骑常侍。其时他"欣有文授",喜不自胜而视为殊荣,告诉儿子将来别当武官,要做就做文官! 明明不以军号为荣,而且能看到武人获得文号之不易。北朝的情况恰好相反,文武并重,以功为准。北魏有个官僚叫明亮,其阶号原先是文散官员外散骑常侍,进阶时转为勇武将军,便为此怏怏不乐,抱怨说"其号至浊",要求改授文号。然而宣武帝据理驳回:"虽文武号殊,佐治一也。卿何得独欲乖众,妄相清浊!"南朝"文清武浊"观念,到北方就碰了壁。由于鲜卑族的尚武精神和军功政治传统,统治者并不重文轻武,不是以士族偏好而是以对国家的贡献,来判断文武价值的。南朝官僚若有一人拥有若干官号,结衔一般以文号居前、军号居后。而北朝却是以军号居前、文号居后。

以"清浊"论官职高下的制度,为秦汉所无,而是魏晋以下发达起来的,是士族的文化偏好造成的。官僚体制的官职分等分类,本应依照权责与职类而定;而基于"清浊"的官职分等分类,显然是一种"扭曲"。文化士族通过对清要、清闲和文翰性官职的独占,进而将其弄成

"清官",来维系其对寒人、对吏职、对军职的优越地位。北朝官制来自魏晋,当然也有文散官,也把若干官职视为"清官",还有"第一清""第二清""第三清"的规定。但在这里,南北又不一样了。首先,南朝是"官以人而清",士族偏好的官就是"清官",北朝的"清官"却是硬性规定的,它不因士族偏好而变化,谁做到这个官儿,谁就"清",即"人以官而清"。其次,江左"清官"偏重"清闲",而北朝所谓"清官"多是台省要职,或说北朝"清"的标准更偏重"清要"。比如说,廷尉、御史之官在南朝不算清官,因为士族讨厌法制;但北朝的廷尉和御史,都在"高选""清官"之列。可见北朝"清官"观念,已摆脱了士族偏好,而向官僚政治回归了。北朝的军功贵族,对"清浊"那东西是很淡漠的。很有趣的是,南朝的秘书监、秘书郎最为起家华选,乃是文化士族的独占禁脔;而在北朝,有个"力曳牛却行"的伊香馛做了秘书监,有个"勇健不好文学"的贺若统做了秘书郎。武士居然能做秘书省清官,这种事儿,在南朝打着灯笼也找不到。西魏统治者所颁《六条诏书》申明:"苟得其人,自可起厮养而为卿相!"确实,西魏的军功新贵,有很多就是"起厮养而为卿相"的。史称北周"选无清浊",不再有江左的那种清官浊官之分了。唐朝的清官、清望官概念论"官"不论"人",这是上承北朝的,而非南朝。

在北魏末到东西魏,门阀化了的洛阳权贵受到重创,战乱中一大批军功新贵涌入了统治阶层。值此之时,中古文号、军号、清官、浊官的品位秩序,再一次面临猛烈冲击。其时出现了一种文号与军号的"双授"制度。朝廷在用位阶酬奖将士军功的时候,除了授予军号外,还要同时授予一个文号。比如,授予振威将军之号时,同时又授一个给事中;授予骠骑将军之号时,同时又授一个光禄大夫。西魏北周的"双授"制度最为典型,九命官阶的正从 18 级,每级列有两个军号、两个文散官,共 36 阶,以供军号与散官的双授,以及两号的同时迁升。参看下表:

品级	军号	散官
正九命	柱国	
	大将军	
从九命	骠骑大将军	开府仪同三司(侍中)
	车骑大将军	仪同三司(散骑常侍)
正八命	骠骑将军	右光禄大夫
	车骑将军	左光禄大夫
从八命	四征等将军	右金紫光禄大夫
	中军 镇军 抚军等将军	左金紫光禄大夫
正七命	四平等将军	右银青光禄大夫
	前右左后等将军	左银青光禄大夫
从七命	冠军将军	太中大夫
	辅国将军	中散大夫
正六命	镇远将军	谏议大夫
	建忠将军	诚议大夫
从六命	中坚将军	右中郎将
	宁朔将军	左中郎将
正五命	宁远将军	右员外常侍
	扬烈将军	左员外常侍

续表

品级	军号	散官
从五命	伏波将军	奉车都尉
	轻车将军	奉骑都尉
正四命	宣威将军	武贲给事
	明威将军	冗从给事
从四命	襄威将军	给事中
	厉威将军	奉朝请
正三命	威烈将军	右员外侍郎
	讨寇将军	左员外侍郎
从三命	荡寇将军	武骑常侍
	荡难将军	武骑侍郎
正二命	殄寇将军	强弩司马
	殄难将军	积弩司马
从二命	扫寇将军	武骑司马
	扫难将军	武威司马
正一命	旷野将军	殿中司马
	横野将军	员外司马
从一命	武威将军	淮海都尉
	武牙将军	山林都尉

注：《西魏北周双授表》。右栏中以郎将、都尉、司马为称之官，此时亦属文号。

军号与散官这两种品位，本是各自独立发展的；而在"双授"制度下，两条进化轨迹奇妙地重合了！"双授"的背后是什么呢？是军功新

图四十二 雷明香造像记,载有同琋乾炽的双授官号旷野将军、殿中司马,雷信标的双授官号横野将军、强弩司马,雷标安的双授官号宣威将军、辅朝请。

贵的再度崛起,他们不再满足于占有军号,进而问鼎文散官,将那文化士族的昔日身份标志,也强行据为己有。中古"文武清浊"的品位秩序,被决定性地突破了。

当然军功贵族政治本身,还不是中华帝国的政治"常态",其"常态"仍是文官政治,或说"士大夫政治"。隋唐间帝国政治继续"回归";以科举繁荣和进士集团崛起为标志,文官政治恢复"常态"了。这个历程依然与品位结构的变化息息相关。西魏北周的"双授"之制在隋唐间告终,唐初形成了文散官和武散官两套序列,文号与军号再度分途,也就是文武分途。那么中古的文号和武号关系,就经历了三段变化:首先是文武两分,重文轻武;进而是文武兼重,西魏北周甚至有文武

"双授",以武为主;随后隋唐又是文武两分,以文为主。正如北朝的军功贵族政治,既非中国政治"常态",但又是政治"回归"的一个必要环节一样;西魏北周的"双授"制度虽是一时之制,但其历史意义,依然不可低估。

三 北朝政治文化风尚:重军功、重吏治、重法制

钱穆先生曾论述说:"南北朝本是一个病的时代。此所谓病,乃指文化病。若论文化病,北朝受病转较南朝为浅,因此新生的希望亦在北朝,不在南朝。"陈寅恪先生有言:"李唐一族之所以崛兴,盖取塞外野蛮精悍之血,注入中原文化颓废之躯,旧染既除,新机重启,扩大恢张,遂能别创空前之世局。""文化病"和"新生的希望在北朝"的说法,"塞外野蛮精悍之血"与"中原文化颓废之躯"的对举,都发人深思。

若用一种简练表述,南北朝的历史就是文化士族与军功贵族的竞争史。南朝的皇权重振,得力于所谓"次等士族",即军人势力;但南朝军人仍受文化士族的压抑,未能发展为一支新兴政治力量,所以"次等士族"重振皇权、重振官僚政治的动量,远不如北朝军功贵族之大。骑马民族的天性就是强者为王、崇尚军功;在建立政权之后,"重军功"的精神就顺理成章地转化为重吏治、"重事功"了。军功是要付出生命与热血做代价的,若军功贵族居强势地位,那么文化士族只凭"冢中枯骨"、只凭文采风流而"坐享天禄"吃白食儿,就不太容易了。军人们将理直气壮地提出这样的政治要求:老子的名位可是拿命换来的,那你们士人呢?你们士人至少也得有事功可称可考,才算公平吧?由此,

鲜卑军功贵族不仅支持了一个强大皇权，而且以其发扬蹈厉的军功精神，为官僚体制注入了蓬勃活力。

中古士族的典型形态是文化士族，即贵族化了的士人。士人就可能寻求一己的政治理想，寻求个性自由，可能为寻求文化成就而旁置了行政职守；而军功贵族却是"军事化"的，军事化的组织编制以"命令"和"服从"为基础。所以，以士人为支柱的政权和以军人为支柱的政权，其运作模式和政治形态都相当不同，前者容易流于散漫宽松。不妨这样比方：中国官僚政治以"吏治"为支柱，左右各有"崇文"和"尚武"两条绳子拉着它。在江左政权因过度"崇文"流于政治松弛，甚至出现政治萎靡，"吏治"支柱倒向一侧、摇摇欲倾之时，北朝的"尚武"那根绳子把它拉了回来，令其再度巍然矗立。士族在江左的形象是"精神贵族"，在北朝则"官僚化"了，向秦汉那种职业吏员"回归"。简言之，"尚武"对"崇文"之病，有一种"矫枉"之功。

南北都存在着门第观念和门第制度，但南北仍有不同。魏孝文帝实行了门阀化政策，但那不是其全部宗旨。有一次孝文帝策试秀才孝廉，要他们揭发地方官是否苛虐；秀孝们未敢如实陈述，孝文帝便勃然大怒，宣称要"按以大辟，明罔上必诛"。南朝秀才策试，大抵被看成名士们驰骋文藻的机会，而北朝对"文"的要求则是"文治"而非仅文藻。孝文帝还说过"苟有才能，何必拘族也"。有人曾问他：设置官位是为了给膏粱子弟提供进身之阶呢，还是为了"益治赞时"呢？孝文帝的回答相当干脆："俱欲为治！"可见孝文帝的士族化政策只是手段，而非目的。因北朝异族皇权的存在和功绩制精神的浓厚，北朝的士族门第并不稳固。魏孝文帝之后没多少年，就出现了"法开清浊，而清浊不平","中正卖望于下里,主按舞笔于上台"的情况。宣武帝还对"中正所铨,但存门第,吏部彝伦,仍不才举",提出过尖锐批评。可见北朝的门第观念,淡薄脆弱得多。江左中正大抵以士族名流担任,北朝就不是这样了,很多武卒小吏厮役恩倖,"蕃落庸鄙"之人,甚至被华夏士人视为贱人的宦官,都堂而皇之地高踞中正,承担"清定门胄,品藻高卑"之职了。像宦官平季,做了幽州大中正,同时又兼摄燕州、安州、平州、营州中正。这些人能有多少维护士族之功,真该画上一个大大的问号。

"五胡"对汉式门第,当然不会有汉人那种高山仰止之感了。按部落观念,大家都是同胞、都是人。在艰难求生的奋斗中,谁能沙场平敌、谁能建功立业、谁有权有势,谁就是老大。比如说北朝宦官,北人没觉得他们怎么下贱,他们也是人。只要宦官能弄权擅政,大家就争着跟他联姻认亲。又如北魏的工商皂隶,也经常是战后班赐掠夺物时的受惠者。王朝让吏民"上书极谏"时,把工商皂隶也算在里头。南朝的工商皂隶,可曾得到过"上书极谏"的权利么?

魏晋玄学的弥漫,侵蚀了专制官僚体制的观念基础。北方玄学不盛,法术之学却为人所重。公孙表曾向魏道武帝献上《韩非书》二十卷,劝其"以法制御下",道武帝一见倾心。北方治法术的学者还有刘昞、李先、崔昂等。勃海封氏世传律学,"好刑名""好法律"的官僚更不乏其人。史称北齐士人"多晓法律"。宇文泰与苏绰的君臣投契,"申韩"曾是其间纽带:苏绰向宇文泰"指陈帝王之道,兼述申韩之要",宇文泰"不觉膝之前席",两人一气儿聊到天亮。史叙北朝之政"先法令而后经术",其风气一直持续到隋,隋文帝"不敦诗书,不尚道德,专任法令,严察临下"。

北朝重法制,与部族传统有关。华夏族早期"兵刑不分",刑法源于军法。而据史载,拓跋部早期也曾"以军令从事"。拓跋猗卢做首领时,刑法严酷,民众以违命而死者以万计;各部集会之日,迟到者"举部戮之",惨遭族灭的部落老少,只能相携赴死,没人敢于违抗。这种严刑酷法,倒也为后来的法制贯彻创造了条件:统治者一旦认真起来,法律真能雷厉风行。史称北魏"北都时,朝法严急","太和以前,朝法尤峻"。北魏前期官僚的贪污现象曾很严重,然而制裁也颇峻厉。明元帝校阅守宰们的资财,若不是上任时带来的,一律看成赃款;献文帝规定,长官接受一只羊、一斛酒,就要大辟处死;孝文帝颁行俸禄后,赃满一匹即死。在这样的严厉打击下,一时"赇谒之路殆绝"。

北魏迁洛后一时"文雅大盛",但至宣武帝以降,"进必吏能,升非学艺。是以刀笔小用,计日而期荣;专经大才,甘心于陋巷";孝明帝之后"天下多务,世人竞以吏工取达,文学大衰"。陈寅恪先生说,魏孝文帝的文物风流复炽于北齐邺都。然而另一些记载又谓:"自天保以后重吏事,谓容止蕴藉者为潦倒。""容止蕴藉"即标榜文采风流,是社会看不上的。轻文士而重吏治的风气,还不止北齐而已,北周也是如此:"近代左右邦家(指周、齐二朝),咸取士于刀笔。"汉代有儒生、文吏之争,而北朝后期"刀笔吏"们再度崭露头角,其事颇堪寻味。那意味着与汉政相近的那种政治文化模式,正在回归。

魏与西晋事功派官僚曾抨击名士"浮华",而北朝又有其事。史称"有晋之季,文章竞为浮华,遂成风俗。太祖(宇文泰)欲革其弊",西魏宇文泰为抑文辞浮华之病,下令采用《尚书》周诰的文体。而且无独有偶,隋文帝同样"每念斫雕为朴,发号施令,咸去浮华";"时俗词藻,犹多淫丽,故宪台执法,屡飞霜简"。"宪台执法,屡飞霜简",是说御史台对词藻淫丽者屡加弹劾。文人喜欢淫丽还是喜欢古朴,关朝廷什么事儿?北周苏威云:"江南人有学业者,多不习世务,习世务者,又无学术";隋朝李谔云:魏晋江左"竞骋文华",结果"文笔日繁,其政日乱"。江南的"学术"淡化了"世务","文华"造成了"政乱",他们反对的就是这个。

十六国政权迭起迭仆,在这个弱肉强食的残酷世界中,北方士人不大好找世外桃源,能让他们像五朝名士那样玄谈放诞。后秦有个叫韦高的,崇拜阮籍,居母之丧而弹琴饮酒。这事被古成诜知道了,就拿着剑去杀韦高,"以崇风教",吓得韦高终身躲着古成诜走,阮籍算是学不成了。北朝的文教体制也不同于南朝,律学、书学和算学一类实用学科,地位明显高于江左。学校中还有军事教育。例如后赵石勒的学校,"教国子击刺、战射之法";前秦苻坚的太学里有"教武堂",由明兵法的太学生负责培训将领。这也是江左罕见的。幽深的玄理、精妙的诗句、玄远的风神……都是有闲文人消受的奢侈品,在那个"生存至上"时代必须停产;将才和吏才,才是应该加班加点生产的必备物资。

比较南北史传的人物描写,其差异也历历可见。魏晋史传赞人,多"风神夷简""雅有远韵"之词;南朝史传赞人,多"词采遒艳""善为文章"之词。都是以"文"为尚的。而十六国北朝的勋贵传记,却以军功为尚,以吏治为尚。赞扬军功的评语,如"武艺绝伦,有将帅之略","性雄豪,工骑射","膂力过人,便习弓马"之类;赞扬吏才的评语,如"明解律令，议断平允"，"详练故事，有几案才"，"明练时事，善于断决"，"敏于从政，果敢决断，案牍虽繁，绰有余裕"之类。北朝士人把"以武达"和"以文通"，同等地视为振兴家门之途，还有这样的豪言壮语："男儿当提剑汗马以取公侯，何能如先生为博士也"；"书足记姓名而已，安能久事笔砚、为腐儒业乎？""欲求宦达，当资干世之务"；"文章之事，不足流于后世；经邦致治，庶及古人！"

南北风气之异，还体现在文学之上。以宫体诗的香艳柔媚为标志，中国文学在南朝走进了靡靡之音的死胡同；只有北朝民歌，能令我们呼吸到爽朗、清新、刚健、辽阔的气息。源于北朝民歌的《木兰诗》，有人们熟悉的飒爽英武的诗句："万里赴戎机，关山度若飞。朔气传金柝，寒光照铁衣。将军百战死，壮士十年归。"革命烈士王若飞对这样的句子爱不释手，其名字"若飞"二字，就是从这儿来的。虽然近体诗在形式上承南朝，但盛唐诗歌的刚健风骨、廓大意境和恢宏风格，不会是来自"六朝金粉"吧。甚至连南北士人对容貌的美感，也出现了明显歧异。王瑶先生说："在魏晋，其风直至南朝，一个名士是要他长得像个美貌的女子才会被人称赞的。一般士族也以此相高。……病态美是最美的仪容。"这"病态美"的判断，与钱穆先生"文化病"的说法，相映成趣。而由北朝史传，可以知道北人所赞扬的仪态，却是男子汉式的"雄豪"。这似乎也在提示人们，为什么北朝士族在唐代依然名人辈出，活跃在政治舞台上，而江左高门却黯然无闻了。刘禹锡"旧时王谢堂前燕，飞入寻常百姓家"的名句，说的就是这个历史结局。

四　北朝：走出低谷的历史出口

钱穆、陈寅恪肯定了北朝少数族的振作政治之功。苏秉琦先生也有类似论述："'五胡'不是野蛮人，是牧人，他们带来的有战乱，还有北方民族的充满活力的气质与气魄"，"北方草原民族文化是极富生气和极其活跃的。它为中华民族注入新的活力与生命"。田余庆先生指出："从宏观来看东晋南朝和十六国北朝全部历史运动的总体，其主流毕竟在北而不在南。"中古时代，是经由北朝而走出中古、走向隋唐盛世的；对魏晋南北朝这个政治低谷，北朝构成了它的"历史出口"。

关于南北朝隋唐的历史大势，唐长孺先生有一个"南朝化"的论点，认为从经济和文化看，唐朝的若干变动，如大土地所有制及两税、折纳、和雇之法，文学、经学、书法、佛学，募兵制等等，都是"对东晋和南朝的衔接"；北朝带来的社会特殊性"必将随着这些特殊历史条件的消失而消失"；唐代的"南朝化"，就是北朝特性的消失过程。在持这一论点的学者眼中，北朝被看成一个偶然的历史曲折，其统一南朝只因为其武力强大，最终要回归于南朝所代表的历史进程。

"南朝化"和"北朝主流论"看起来各有侧重，其实不妨并存互补。前者是就唐以后的变化而言的，主要就经济与文化而言；后者是就南北朝而言的，主要就政治与制度而言。若从"汉化"来理解"南朝化"的话，那么通观中国史，少数族在入主华夏居地之后，都会发生适应性的"汉化"。北朝并无例外，其政治社会变迁的主调也是"汉化"，对这一点我们并无异辞。"南朝化"显示了中国文化的连续性，它不但跨王朝而传承,还把异族政权拉入了其前进的轨道。但从另一方面说,十六国北朝只是中国史上一个"偶然的曲折"吗？江左士族门阀政治,恐怕难以代表中国政治史的一般进程；隋唐帝国的集权官僚政治,也不能说是上承江左士族门阀政治的。唐长孺先生也说到,其对"南朝化"的论述,"职官、法律的变化全未述及"。而我们看到,北朝提供了众多官制、法制甚至礼制进步,并为隋唐所采；它们并没有随"北朝历史特性"的消失而消失,其后的变化也不具有"北朝历史特性消失"的意义。

隋唐制度的从南与从北是一个重要的考察线索,然而也不能死抠,使之变成了这个样子:从南的制度多、就证明了"南朝化"；从北的制度多,就证明了"北朝主流"。问题不是那么直线论证的。这里所云北朝制度,并不是部落的原初制度,而是学习汉晋南朝之后的制度。但也如学者所言:同样的制度,在北朝就比南朝运行得更好；而且北朝并非简单学习,还能有所创造,隋唐若干制度上承北朝,显示了北朝的政治活力。北朝制度为何更有效能,其政治优势是如何形成的,才是我们关注之所在,它不仅仅表现在隋唐制度从南从北之上。从更大范围说,北方少数族的存在,是仅仅构成了国防问题,还是影响到了中国史的进程和方向？钱穆先生说历史上有四次大的民族融合,都带来了新的气象。而十六国北朝近三个世纪的历史,可供一环一环地探索这个过程。

北朝的相对优势和更大前景,或被归结为南朝重玄学、而北朝继承了汉代经学,或归结为北方的种族更新与民族融合。"活力"是个一般性表述。我们从结构、体制和形态上,进一步地发掘它,一环一环地考察五胡入主后其政治结构、官僚体制、社会形态和文化观念,到底发

第十二章 从北朝到隋唐：帝国复兴与历史出口

生了哪些变化，是如何孕育出帝国政治复兴的。说北朝的胜利在于"武力强大"，也并不错，但那不能只从军事角度理解，还要从政治角度去理解。"武力"不仅决定战争胜负，还能引发更广泛的政治文化变迁，例如，可能推动更集权、更法制化和更富功绩制精神的政治体制。"五胡"不只带来了不同的语言、风俗和血统，也造成了与江左不同的政治结构，即以异族皇权、军事贵族和国人武装为主干的体制。"五胡"酋众之间的"主奴"关系，同族之内的"同胞"观念，在其"汉化"进程中，也都以特别的方式，强化了政权的集权性和向心力。尤其是，那是一个征服体制，具有民族压迫的性质，由此也具有了更大的内部张力。

从北朝那个"历史出口"，既走出了一个因民族融合而生气勃勃的新生中华民族，同时也迎来一个更强大完善的专制集权体制，它由衰转强的起点，就是民族暴力的制度化。中国王朝经常陷入周期性衰败，专制松弛而权力流失，随后战乱在各处制造暴力；新政权是通过军事活动和军事组织而重建的，吸收了那些暴力，将之制度化，将之转化为新的、更强悍的专制集权。经验也告诉我们，大规模的流血镇压之后，统治就会变得严峻起来。所以凡由"征伐"而来的王朝，其初年总能看到"专制强化"。专制主义这头猛兽，是以暴力为食料的。除内源性的暴力之外，外源性的民族冲突、民族压迫和民族统治，同样也能供应暴力。异族间的压迫，总比同胞间的压迫来得容易、来得残酷。异族征服者在征敛赋税、在施行法制、在管制那些腆颜事仇的官僚之时，心更狠、手更重，专制集权由此强化了，政治行政机器也高效运转起来。

图四十三　北周武帝孝陵志盖

陈寅恪的"塞外野蛮精悍之血"说法,既云"精悍",又云"野蛮",确实反映了北方民族问题的两个方面。十六国的军事专制,是以被征服民族的屈辱甚至鲜血为代价的。虽说历史上数次民族大融合都带来了大繁荣;然而夏商周就不必说了,其余由异族征服而建立的王朝,无不矗立在异族人民的血泊之上。北朝也是如此,在这里人们既看到了民族融合的鲜花,也看到了民族冲突的鲜血;既看到了中华民族和中华文明的新生,又看到了专制集权的强化。甚至在审视历史上其余"盛世"之时,也总是如此,总能同时看到所不愿看到的东西。例如人们歌颂统一,但由征服而来的统一,同样以被征服者的血泪为代价。观察拓跋族在国家进化历程中的那些残酷行为时,业师田余庆先生曾

第十二章 从北朝到隋唐:帝国复兴与历史出口

有如是之言:"我们为拓跋的历史感到沉重,为乌桓的历史感到沉重,也为人类历史包括我们所亲历的历史感到沉重,而祈求理性的进步。"

我们祈求人类理性的进步,尽管并不确知未来;同时在反观历史之时,无所回避,尽量正视并忠实描述。基于暴力的军事行为,确实就是中国专制集权的强化途径之一,而在有些时候,暴力来自异族统治。在做价值判断时,你可以选择宽松的南朝更"好"或严峻的北朝更"好";但自然的法则,只是适者生存。北方少数族的历次入主,从宏观上构成了中国专制集权不断强化的又一机制,这就提示人们,要从新的视角审视中国史与北方民族史。

无论如何,君主专制、中央集权和官僚政治就是中国政治的"常态",这个"常态"是秦汉帝国所奠定的。中古时代帝国衰败低落,中国历史的其他一些可能性,得以显露出来,出现了较大幅度的政治波动和"变态"。但即使在这时候,制度的实际波动幅度,既没有政治波动那么大,也没有学者所夸张的那么大;这时候依然存在着一块政治文化模板,它的存在,使那些波动和变态具有了"乱世"的意味,一旦条件具备人们就将着手寻求"常态"。南北朝都不代表"常态",但又都以不同的方式推动了"回归"。北方异族政权具有政治复兴的更大动量,在经历了政治低谷之后,帝国以北朝为"出口"而走向隋唐盛世,历史的轨迹回归于它"常态"的中轴线,并继续前行了。进一步说,中国历史的连续性是举世无双的,但"连续性"并不是说一成不变;它是一个动态进程,是在各种波动和变态中体现出来的,留下的是一条"螺旋形上升"的轨迹。

请扫码查看本书作者在北京大学讲授"秦汉魏晋南北朝政治历程"的教学课件